500명 습관 프로젝트
작은 습관의 힘

⟨SBS 스페셜⟩이 주목한 습관 멘토 이범용

⟨SBS 스페셜⟩ 554회 '당신의 인생을 바꾸는 작은 습관'

습관의

매번 시작만 하는 사람들을 위한

완성

매 번 시작만 하는 사람들을 위한

습관의
완성

1쇄 발행 2020년 1월 6일
5쇄 발행 2022년 10월 5일

지은이 이범용
펴낸이 유해룡
펴낸곳 (주)스마트북스
출판등록 2010년 3월 5일 | 제2021-000149호
주소 서울시 영등포구 영등포로5길 19, 동아프라임밸리 611호
편집전화 02)337-7800 | **영업전화** 02)337-7810 | **팩스** 02)337-7811
원고투고 www.smartbooks21.com/about/publication
홈페이지 www.smartbooks21.com

ISBN 979-11-90238-08-3 03320

copyright ⓒ 이범용, 2020

습관의

매번 시작만 하는 사람들을 위한

완성

이범용
지음

스마트북스

하루 10분, 아주 작은 루틴의 힘

내 삶은 왜 이리 힘든 걸까?

우리는 하루에도 몇 번씩 흔들린다. 불안한 감정에 휩쓸려 느닷없이 평상심을 잃고 무기력해지기도 한다. 하지만 다행인 것은 어떤 사람들은 다시 빠르게 평상심을 회복한다는 사실이다. 마치 작은 돌멩이들로 반쯤 찬 물병을 좌우로 크게 흔들었다가 가만히 책상 위에 내려놓으면 돌멩이들이 서서히 밑으로 가라앉듯, 불안한 하루 속에서 다시 중심을 잡고 평상심을 유지하는 힘은 우리가 오늘도 자신과의 약속을 지키고, 루틴대로 하루를 살아냈다는 뿌듯함에서 나오곤 한다.

아침운동 7분의 힘

행동과학자인 B. J. 포그 박사는 TED 강연에서 한 미국 남자의 이야기를 소개했다. 그는 4개월째 월급이 밀려 새 직장을 구하는 중이었는데, 설상가상으로 아내마저 어린 세 아들을 두고 집을 나가버렸다. 희망을 잃고 절망에 빠진 그는 매일 극심한 우울증에 시달렸다.

그러던 중 포그 박사의 '아주 작은 습관(Tiny habit)'을 알게 된 그는 아침운동 7분을 시작하면서 점차 변화해갔다. 예전에는 아이들이 아침에 깨어 거실을 왔다 갔다 하는 동안 허둥지둥 식사준비를 하고 등교준비를 시키느라 정신없었다. 하지만 아침운동 7분을 시작하면서 준비된 상태에서 아침을 맞이할 수 있었고, 이것이 자리 잡으며 점차 하나의 확고한 믿음을 갖게 되었다. 바로 올바른 작은 행동은 자기파괴를 막아준다는 사실이다. 이 깨달음 덕분에 그는 다시 살아갈 용기를 회복했고, 인생의 의미도 찾을 수 있었다. 그리고 아침운동 7분은 그의 일상에 루틴이 되었다.

루틴의 힘

『걷는 사람, 하정우』라는 책에도 루틴을 통해 악순환에서 벗어나도록 조언하는 문장이 나온다.

"가만히 눕거나 앉아서 그냥 나아지길 기다리면 머리는 무거워지고 기분은 점점 가라앉는다. 계속 누워 있으면 누워 있어서 힘들고, 앉아 있으면 앉아 있느라 힘들다. 그 결과는 고스란히 다시 나 자신에게 돌아온다. 악순환이 시작되는 것이다. 이런 늪에 빠져들려 할 때는 변덕스러운 감정에 나를 맡겨둘 게 아니라 규칙적인 루틴을 정해놓고 내 몸과 일정을 거기에 맞추는 편이 좋다."

매일 조금씩 올바르게 작은 습관을 실천하는 것, 규칙적인 생활을 하는 것 같은 일상 속 작은 루틴들은 '나는 잘 살고 있는가?', '나는 왜 하는 일마다 잘 안 될까?', '지금 내가 하는 일이 무슨 의미가 있지?'라는 부정적인 생각과 불안한 마음으로 혼란스러울 때나 평상심을 잃고 휘청거리는 때에도, 다시 나를 회복시켜주는 힘이 된다.

반면에 기분 좋을 때, 시간이 있을 때만 습관을 실천하는 것으로는 인생의 변화가 일어나지 않는다. 하루의 루틴이 된 습관은 갈수록 그 영향력이 더욱 강화되지만, 간헐적인 특별한 경험은 그 영향력이 서서히 사라지기 때문이다.

500명과 함께하며 만난 작은 습관의 기적

나는 작은 습관을 실천하면서 수년 동안의 무기력에서 벗어날 수 있었다. 또 담배를 끊게 되었고 다이어트로 체중을 10kg 감량했으며 꿈도 가질 수 있었다. 그리고 500명과 함께 습관홈트 프로그램을 하면서 습관 조력자라는 삶의 목표도 가지게 되었다.

습관홈트에 참가한 수많은 직장인, 주부, 대학생 등이 변화를 직접 겪었다. 16kg을 감량한 주부부터 재취업에 성공한 사람들, 진로를 설정하고 일을 시작한 대학생, 아이들의 공부습관을 잡은 부모 등 그 스펙트럼은 매우 다양하다.

참가자 500명의 데이터를 분석해보니 습관을 포기하지 않고 1년 이상 계속 실천하는 사람들의 비율은 약 44%였다. 참고로 미국 설문조사 기관인 통계브레인 조사 연구소(SBRI)의 자료에 의하면 새해 결심을 그대로 지키며 성공한 사람은 겨우 8%에 불과했다.

우리는 여기서 정말 중요한 질문과 대면하게 된다.

중요한 것은 습관 생존률이 아니라 성공률

과연 습관 생존자 44%의 삶은 그들이 원하는 대로 모두 변했을까? 1년 동안 습관을 포기하지 않았으니 긍정적 대답을 기대했겠지만 그렇지 않다. 지속했다고 해서 삶이 모두 성공적으로 변한 것은 아니었다.

중요한 것은 습관 생존률이 아니라 성공률이었다. 1년 동안 습관을 꼬박꼬박 지켜 성공률 100%를 유지한 사람은 당연히 모두 삶이 변했다. 반면에 습관을 포기한 것은 아니지만 기분이 좋은 날, 시간이 많은 날에만 간헐적으로 실천한 사람 중에서는 변화에 성공한 사람이 없었다. 결국 매일 100% 습관에 성공해야 우리 삶에도 의미 있는 변화가 찾아온다는 것이다.

그렇다면 어떻게 해야 매일 습관에 성공할 수 있을까? 올바른 습관 전략이 중요하다. 이 책에서 나는 나와 내 가족, 그리고 평범한 대한민국 사람 500명이 어떤 올바른 습관 전략을 실천하여 변화에 성공했는지 자세히 설명했다.

미국의 한 중년 남자가 매일 아침운동 7분 후에 준비된 아침을 맞이하는 일, 내가 3년 8개월 동안 멈추지 않고 계속 습관을 실천하는 일, 본문에서 소개하는, 평범한 사람들이 삶의 변화를 만들어가는 일은 모두 평범한 하루의 루틴들이다. 하지만 그런 사소하지만 작은 습관을 매일 실천하면서 사람들은 다시 시작할 용기를 회복했고, 꿈을 향해 달려가고 있다. 그리고 그런 자신을 더 사랑하게 되었다.

여러분도 그러하길. Love yourself.

2020년 1월

이범용

차 례

1장

팔굽혀펴기
한 번 했을 뿐인데

작은 습관으로 기적을 만드는 사람들

"매일 조금의 습관을

실천한 나를

칭찬해주는 것이 중요해요."

팔굽혀펴기 1회로
금연 / 다이어트에 성공하다

금연, 10kg 감량, 마라톤

⏱ 무기력에서 벗어나기

불과 몇 년 전만 해도 나는 열정이 1g도 없는 무기력한 직장인이었다. 1년에 책 한 권 읽지 않았고, 술과 담배를 달고 살았고, 집에 오면 TV와 핸드폰에 빠져 지냈으며, 놀아달라는 아이들 말에 짜증을 내기 일쑤였다.

생활이 이렇다 보니 체중이 늘기 시작했다. 몸이 무거워지니 의자에 오래 앉아 있거나 걸을 때 허리와 왼쪽 엉덩이 부위가 아팠다. 갈수록 움직이는 게 귀찮았다.

의자에 오래 앉아 있어도 도대체 집중력이 생기지 않고, 무기력과 짜증이 늘어났다. 누가 말만 걸어도 발톱을 세우고 꼬리를 치켜세우는 화난 고양이 같았다.

　이런 나를 보다 못한 아내는 몰래 자기계발 모임에 내 이름을 등록했고, 그렇게 할 수 없이 나간 모임에서 습관 관련 책을 읽었고, 새로운 세상을 만났다. 나도 잘하면 변할 수 있겠는데?

🕐 고작 팔굽혀펴기 한 번

　다음은 수년 전부터 꾸준히 실행하고 있는 나의 습관 목록 3가지이다. 글쓰기 2~3줄, 책 2쪽 읽기, 팔굽혀펴기 5회로 사소하고 작은 습관들이다. 총 9분 5초 만에 모두 할 수 있다. 나는 이 작은 습관들을 4년 가까이 꾸준히 해오고 있다.

나의 습관 목록 3가지

개인적인 목표	1. 운동습관 만들기 2. 재능기부 3. 라디오 DJ
직업적인 목표	1. 습관 전문가 2. 작가(매년 1권 출간)

습관 목록	시간(분)	why this habit	대체 습관
1. 글쓰기 2줄	5분	책 출간	메모 노트 2줄 작성
2. 책 2쪽 읽기	4분	글쓰기 소재	메모 노트 2쪽 읽기
3. 팔굽혀펴기 5회	5초	운동 습관 기르기	앉았다 일어나기 5회
합계	9분 5초		

'에이~ 이렇게 사소하고 작은 습관을 한다고 무슨 변화가 있겠어?' 하는 생각이 들것이다. 당연한 의심이다. 하지만 한 번의 큰 성공보다 일관성 있는 작은 행동이 위대함을 결정하는 열쇠이다.

뒤에서 자세히 설명하겠지만, 습관 목록은 자아상에 맞아야 하고 직업적 꿈과 개인적 꿈에 연관되어 있어야 한다. 나는 습관을 시작할 당시 건강을 위해 습관 목록에 '팔굽혀펴기 5회'를 집어넣었다.

처음에는 새삼 엎드려 팔굽혀펴기를 하는 것조차 머쓱하게 느껴졌다. 5회는 고사하고 3회만 해도 팔이 후들거렸다. 하지만 수년에 걸친 나의 무기력한 모습과 그러다가 터져나오는 짜증과 감정기복에 지쳐 있었던 지라, 지푸라기라도 잡고 이 진절머리 나는 무기력에서 벗어나 변화하고 싶었다. 그래서 '팔굽혀펴기 한 번쯤이야.' 하고는 엎드려 1회를 하고 나면 2회, 3회까지 이어졌고, 그렇게 5회를 할 수 있었다.

몇 개월이 지나자 나는 팔굽혀펴기를 1회씩 늘려가기 시작했다. 6회에서 7회로, 1회씩 더하는 기쁨이 짜릿했다. 그렇게 무기력에서 벗어나며 점점 생기를 찾아가게 되었고, 직장생활도 가정생활도 활기 있게 할 수 있었다.

🕐 금연에 성공하다

그렇게 매일 팔굽혀펴기 5회를 지속했더니 두 달 정도가 지난 어느 날, 담배 맛에 거부감이 생겼다. '이참에 금연을 하자.' 하는 생각이 들었고, 아내도 내 결정에 쌍수를 들고 환영했다.

물론 하루아침에 성공한 것은 아니다. 26년 동안 하루 12~13개비를 피웠기에, 우선 5개비 이하로 줄였고 차츰 3개비, 1개비까지 줄여갔다. 그 과정에서 시행착오도 많이 경험했고, 특히 마지막 1개비는 포기할 수 없어, 3개월 동안 계속 피우고 있었다.

급기야 세계적인 습관 전문가인 찰스 두히그에게 이메일을 보내 조언을 구했다. 그런데 놀랍게도 그에게 답장이 왔다.

찰스 두히그는 담배를 안 피우고 100시간(약 4일)이 지나면 우리 몸 속에서 니코틴이 빠져나간다고 했다. 다만, 흡연을 갈망하는 행동의 중독성은 여전히 남아 있다. 그러므로 먼저 담배와 관련된 신호(Cue)와 보상(Rewards)을 찾아내야 한다. 그리고 담배가 주는 보상(기

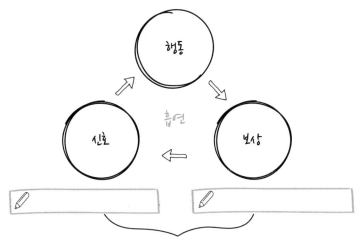

나의 나쁜 습관의 전후 행동과 감정을 기록해
신호와 보상을 찾아 기록한다.

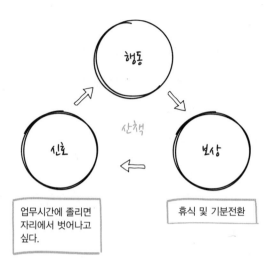

행동

산책

신호

보상

업무시간에 졸리면
자리에서 벗어나고
싶다.

휴식 및 기분전환

분전환, 휴식, 사교 등)과 유사한 보상을 주는 새로운 반복행동(Routine)
을 하면 금연에 성공할 확률이 높아진다는 내용이었다.

나는 그의 조언을 적극 참고했다. 우선 내 흡연습관의 신호와 보
상을 찾아야 했다. 그래서 매일 담배를 피우고 싶은 욕구가 생길 때
마다 지금 기분이 어떤지, 그 전에 무슨 일을 하고 있었는지를 노트
에 상세하게 기록했다.

일주일 후 결정적 동기를 발견했다. 업무시간에 졸릴 때마다 자
리를 벗어나고 싶은 욕구 때문이었다. 그래서 담배가 주는 보상을 산
책으로 바꾸었다. 그 결과 5개월 만에 금연에 성공할 수 있었다. 덕
분에 회사에서 금연 홍보대사로 선정되어 사내방송에도 출연했고 직
장에서 '이 달의 칭찬사원'으로 선정되기도 했다.

나는 수년간 무기력한 생활을 하는 동안 체중도 85kg으로 늘어난 상태였다. 팔굽혀펴기 습관이 자리를 잡자 체력이 붙는 느낌이 들긴 했지만, 여전히 몸은 무거웠고 허리가 아팠다.

그러던 어느 날, 부동산 재테크 전문가로 활동하고 있는 단희쌤의 동영상을 보았다. 그가 2개월 만에 18kg을 감량했다는 것을 보고 나도 이참에 용기를 내어 다이어트를 하기로 결심했다. 이것이 바로 '유사성의 조건'이다.

"나와 비슷한 사람도 했는데, 나도 하면 될 것 같아."

처음에는 아침 7~8시에 바나나 1개를 먹고 점심은 김치찌개, 설렁탕, 제육볶음 등의 일반식으로 푸짐하게 먹고, 저녁은 되도록 먹지 않았다. 공복을 최대한 16시간 동안 유지하기 위해서였다.

처음 이틀 동안은 배가 너무 고파 저녁에 고기 위주로 식사를 하기도 했다. 2주가 지나니 배고픔이 크게 느껴지지 않았다. 이후 체중이 조금씩 줄기 시작했다. 3주 정도 지나니 7kg이 줄었고, 4주가 지나자 목표였던 10kg 감량에 성공했다.

다이어트 전에는 180cm에 85kg이었는데 지금은 75kg이다. 턱에 V라인이 살아난 느낌이며 요요 현상 없이 지금까지 잘 유지하고 있다.

Before　　85kg　　After　　75kg

　이후로는 감량한 체중을 유지하기 위해 현미와 채소 위주의 식사를 하고 있다. 면이나 튀김 종류를 무척 좋아했는데 이제는 되도록 먹지 않는다. 배에 가스가 차고 속이 불편해서 몸이 거부하고 있는 것 같다. 인스턴트 식품도 덜 먹게 되었다.

　무엇보다 폭식 습관이 없어졌다. 예전에는 회의가 길어지거나 지방 출장으로 장거리를 가느라 끼니를 제때 챙겨 먹지 못하면 폭식을 하곤 했다. 아마 심리적으로 조금이나마 보상받으려는 것이 한몫한 것 같다. 하지만 최근에는 폭식하고 싶은 생각이 많이 사라졌고, 포만감이 느껴지면 숟가락을 놓는 습관도 생겼다.

　몸이 가벼워지고 허리 통증이 사라졌고, 의자에 오래 앉아 있어도 집중력을 유지할 수 있게 되었다. 예전에는 달리기를 엄청 싫어했지만 작년에는 가족과 함께 5km 마라톤에 참가하여 완주하기도 했다.

또 다이어트 전에는 팔굽혀펴기를 5회, 많아야 15회 정도밖에 못했지만 요즘은 50회까지 하고 있다. 몸이 가벼워졌기 때문에 가능한 것 같다. 최고 기록인 15회에서 1개를 더 하는 기쁨은 짜릿했고, 목표보다 1개 더 하는 날들이 쌓여서 차츰 50회까지 하게 된 것이다.

이제는 매일 아침 일어나자마자 체중계에 올라가 몸무게를 재는 습관이 생겼다. 이 습관은 체중 유지 및 관리에 커다란 이정표 역할을 하고 있다. 체중이 좀 늘어나면 바로 하루 식습관을 신경 써서 관리한다.

체중감량보다 더 중요한 것은 일상 속 생활태도의 변화이다. 솔직히 내가 언제까지 감량된 체중을 계속 유지할지는 모르겠다. 삶에는 변수가 너무 많으니까. 그렇지만 첫 다이어트로 몸무게를 10kg 감량한 작은 성공 경험은 나중에 다시 시작할 용기를 갖게 할 것이다.

나는 팔굽혀펴기 하나로 건강을 되찾았고 무기력에서 벗어났다!

책 한 권 안 읽던 사람이
저자가 되다니

글쓰기 2줄, 책 2쪽 읽기

🕐 글쓰기 2줄의 기적

나는 수년간 책을 한 권도 제대로 읽지 않았다. 그런데 우연찮게 읽은 습관 관련 책이 나를 바꿨다. '나도 바뀔 수 있겠구나.' 하는 깊은 충격을 받고 나서 장기적으로 습관 조력자가 되고 관련 책도 쓰고 강의도 해야겠다는 마음을 먹게 되었다(이처럼 습관과 목표를 연결시킬 때 오래간다.)

수년간 한 권도 제대로 안 읽은 사람이 책을 쓰겠다고? 다음은 그때 고민해서 탄생한 나의 습관목록이다. 3가지 모두 실천하는 데 고작 하루 9분 5초, 10분도 안 걸린다. 이 중에서 글쓰기 2줄, 책 2쪽 읽기가 바로 나의 꿈과 관련된 것이다.

글쓰기 2줄을 하면 대략 50자 정도가 된다. 200자 원고지 1/4매 수준이다. 보통의 책이 원고지 700~1,000매 정도 되니 매일 글을 2줄씩 써서 책 한 권을 내려면 아무리 빨라도 7년은 족히 걸리는 일이다. 무모한 도전처럼 보였다.

게다가 고작 2줄인데도 쓰려니까 왜 그리 힘든지. 처음엔 책상에 앉아 노트를 펼쳐도 막막하기만 했다. 그래서 처음 며칠은 하루 2쪽씩 읽고 있던 책에서 좋은 말을 옮겨 적었다.

그렇게 며칠이 지나자 서서히 짧지만 나의 글이 나오기 시작했다. 글 2줄이 점차 4줄이 되고, 5줄이 되었다. 그러다가 소재를 하나 잡아서 짧은 글이나마 기승전결이 있는 글을 쓸 수 있었다. 그리고 놀랍게도 그로부터 1년 후 나는 첫 책인『습관홈트』를 출간했다.

나는 매일 습관을 실천하는 사람들과 모임을 꾸리고 있었다. 우리는 카카오톡 단톡방을 통해 하루의 습관 결과를 공유하고 인증하며 서로를 독려했다. 특히 나는 참가자들의 매일 습관 결과 및 실패 이유를 엑셀로 정리하여 '월간 습관 보고서'를 작성하여 공유했는데, 그 기록들을 정리하며 실제 경험담을 담아 습관이론을 발전시켰더니 한 권의 책이 되었다.

또한 3년 전부터 딸과 함께한 습관 만들기를 매일 기록했고, 다음 해에는 그 과정을 고스란히 담아 두 번째 책인『우리아이 작은습관』을 출간했다. 내 딸은 어린 시절을 낯선 외국에서 보내면서 한때 언어혼란 증세를 겪기도 했지만, 지금은 습관을 실천하며 점차 자기주도적인 아이로 성장하고 있다. 그리고 나는 글쓰기 2줄로 시작했지만 이미 책 2권을 출간한 어엿한 저자가 되었다. 고작 글쓰기 2줄로 시작했지만 말이다.

⏱ 습관가족의 탄생 —〈SBS 스페셜〉에 출연하다

우리 가족은 아빠의 작은 습관이 큰딸에게, 큰딸의 작은 습관이 둘째 딸과 아내에게도 퍼져 지금은 온 가족이 모두 습관을 실천하고 있는 '습관가족'이 되었다.

2019년에는 〈SBS 스페셜〉 '당신의 인생을 바꾸는 작은 습관'이라는 프로그램에 우리 가족이 출연하는 기회를 얻었다. 4월 어느 날, 사무실로 한 통의 전화가 왔다. 〈SBS 스페셜〉의 방송 작가님이 습관에 관한 방송을 준비 중이라는 것이었다. 며칠 뒤 PD, 작가들과 미팅을 가진 후, 우리 가족이 습관을 실천하는 모습 등을 촬영했고, 그렇게 완성된 방송이 방영되었다. 이 방송을 통해 습관이 얼마나 중요한지 많은 분들이 다시 생각하는 계기가 되고, 우리 가족처럼 더 많은 '습관가족'이 탄생하기를 기대해본다.

⏱ 습관 조력자의 꿈

나는 그동안 약 500명의 대한민국 보통 사람들이 습관을 실천

〈SBS 스페셜〉 '당신의 인생을 바꾸는 작은 습관'에 출연한 모습.

하여 변화에 성공하도록 도왔다. 그리고 습관홈트에 참가하여 매일 습관을 실천함으로써 변화에 성공하는 사람들은 점점 더 늘어나고 있다. 회사에서 동료들과 실천하는 사람, 육아 관련 카페에 전파하고 리드하는 선생님, 6개월 만에 12kg을 감량한 사람, 출산과 육아로 경력이 단절되었던 주부가 재취업에 성공한 경우 등, 변화에 성공하는 참가자들이 늘어나고 있다.

나는 직장에서도 팀 동료들과 함께 1인 1습관, 100일 프로젝트를 진행하고 있으며, 습관 관련 강연도 몇 차례 진행하며 강사로서 활동할 기회도 얻었다. 또 내게는 앞에서 소개한 큰 변화들 외에도 새벽 3시 30분 기상습관, 메모습관, 일 쪼개기 습관, 자기 확언 1번 쓰고 1번 읽기 습관 등 좋은 습관이 늘어나고 있다. '목적이 좌절되어 낙담한 사람에게 용기를 심어주는 글을 쓰고, 습관 조력자로서 그들이 습관을 통해 새로운 인생 목표를 달성하도록 돕는다'라는 삶의 목표도 새롭게 가지게 되었다.

시작은 미미했다. 고작 하루 10분의 작은 습관. 하지만 3년 동안 멈추지 않고 꾸준히 실천한 결과 많은 것이 변했다. 평범한 사람이 삶의 변화에 성공할 수 있는 유일한 방법은 바로 습관 실천이다. 여러분도 분명히 그 가능성을 발견할 날이 올 것이라 믿는다.

'글쓰기 2줄' 습관의 또 다른 효과

글을 2줄이라도 쓰라는 미션

예전에 나는 화를 잘 다스리지 못했다. 특히 회사에서 상사로부터 꾸중을 듣거나 업무가 잘 해결되지 않으면 극도로 스트레스를 받곤 했다. 이 화는 퇴근시간까지 이어지는 경우가 많았다. 술과 담배, 동료와 상사의 험담으로 간신히 화를 억누르며 직장생활을 연명했다.

그러던 중에 모임에서 30일 동안 매일 글을 쓰는 미션을 받았다. 그 주의 주제는 직장이었다. 2줄이라도 매일 쓰라고 했다. 그런데 며칠 동안 직장 관련 글을 쓰다 보니 소재가 바닥났다.

그 와중에 내가 맡은 프로젝트에 큰 문제가 터졌는데, 모든 문제가 나의 실수로 발생했다는 상사의 책임 전가와 억지에 화가 치솟았다. 진정이 되지 않아 책상에 앉아 있을 수 없어서 화장실로 도피했다.

그때 글쓰기 미션이 떠올랐다. 그냥 앉아 있으면 뭐하겠는가. 조금 전의 억울한 상황을 글로 쓰기 시작했다. 처음엔 억울함과 상사 험담을 쓰기 시작했지만, 어느 순간 내 실수가 눈에 들어왔고, 상사의 입장도 이해할 수 있었다. 글을 쓰면서 사건을 재구성해볼 수 있었던 것이다. 이를 계기로 화가 날 때마다 화장실에서 핸드폰 메모장을 열고 글을 쓰며 마음을 다스리는 습관이 생겼다.

아내도 글쓰기 2줄 습관에 나서다

아내는 불안한 상태를 무척 싫어하고 미래를 대비하기 위해 계획을 세우는 것을 좋아한다. 일요일 아침에 아이들과 잠깐 바람 쐬러 나가는 것도 목적지가 정해지지 않으면 출발하지 않는다. 나는 우선 집 밖으로 나가는 것이 중요하기에 운전대를 잡은 다음 가족끼리 갈 곳을 정하면 된다고 생각하지만, 아내는 미리 계획을 세워야 마음이 좀 놓이는 것 같다.

또한 아내는 불안한 미래를 준비하기 위해 재테크 공부도 자기계발도 열심이다. 아무것도 하지 않고 있으면 뒤처진다고 생각해, 연간 목표, 3년 목표, 10년 목표도 세워놓는다.

그런데 인생이 우리가 계획한 대로 살도록 어디 그냥 내버려두던가? 예기치 못한 사건이 일어나고, 숙제를 던져준다. 그 도전을 무시하고 체념하며 살 것인지, 아니면 도전하고 극복하며 살아갈 것인지는 우리의 선택에 달려 있다. 아내는 후자의 길을 선택하곤 한다. 그런데 그 과정에서 자주 나타나는 행동 패턴이 있다.

우리는 맞벌이 부부라 매달 어느 정도의 수입은 있지만, 때로는 마이너스 통장 회복은커녕 뒷걸음치는 달도 있다. 아내는 월급이 입금되고 카드 값이 정산되어 통장이 비는 날이면 우울해하고 불안감을 느끼며, 그것을 해소하고자 우리 가족의 소비패턴을 분석하고 가족을 통제하기 시작한다. 공교롭게도 그런 날 아이들이 공부를 하지 않고 노는 모습을 보이면 불똥이 튄다. 평상시라면 넘어갈 상황도 조심해야 하는 날이다.

어느 날 나는 내 경험담을 얘기해주었다. 화가 치밀 때 글을 쓰면 문제가 좀 달리 보이고 맘이 다스려지더라고 말이다. 그런데 아내는 최근 회사에서 스트레스를 많이 받자 나의 이야기가 갑자기 생각났다며 글쓰기 과정에 덜컥 등록했고, '매일 1편의 글쓰기' 숙제를 하고 있다. 나도 최근에 아내가 카톡으로 보내주는 글을 읽다 보니 미처 몰랐던 아내의 마음을 알 수 있는 좋은 기회가 되기도 했다. 아이들에게 편지를 쓰기도 하는데, 두 딸들과의 지나온 추억을 되짚어보는 기회가 되기도 한다.

생각과 행동의 균형감각을 회복시켜주는 힘

글은 우리의 생각과 행동에 균형감각을 회복시키는 힘이 있다. 우리가 왜 매번 같은 곳에서 넘어지는지 그 이유를 성찰할 기회를 준다. 내가 왜 직장생활을 하면서 비슷한 상황에서 매번 스트레스를 받고 화를 참지 못하는지 성찰할 기회를 주고, 술과 담배 등 나쁜 행동에 의존하지 않고도 스트레스를 해소할 대안을 주었다.

아내가 왜 카드 값이 빠져나간 텅 빈 통장을 볼 때마다 불안감을 느끼고 가족을 통제하려고 하는지 생각할 기회를 주고, 다른 사람을 통제하려는 행동을 자제하도록 도와주고 있다.

많은 작가들은 잘 쓴 글은 독자의 마음을 움직이고 행동을 변화시킬 영향력이 있다고 믿기에 글을 쓴다고 한다. 하지만 매번 사람의 마음을 움직이는 글을 쓰는 것은 뛰어난 작가에게도 쉬운 일은 아닐 것이다.

그럼에도 글쓰기 습관은 최소한 자신의 마음을 성찰하고 정화하는 힘이 있다. 나를 이해하는 최고의 수단이며, 주변 사람을 이해하는 징검다리 역할을 하는 메신저이다. 내가 아내의 글쓰기를 두 팔 벌려 환영하는 이유이기도 하다.

남편인 내가 글을 쓰니 아내도 동참했고, 초등학교 4학년인 큰딸도 수년 동안 독서록과 감사일기 쓰는 습관을 해왔는데, 요즘은 장편의 창작소설을 쓰기 시작했다. 2017년에 '습관가족'이 된 우리 가족은 2019년에는 조금 더 진화하여 '글 쓰는 가족'이 되어가고 있다.

'글쓰기 2줄' 습관은 화나고 짜증나는 일상에서 나를 회복시키는 힘이 된다. 고작 글쓰기 2줄이다. 여러분도 꼭 시도해보길 바란다.

40대 그녀, 어떻게
16kg 감량에 성공했을까?

오늘 먹은 음식 2줄 쓰기

🕐 왜 꾸준히가 안 될까?

김은영 씨는 어떻게 살아야 할지 고민이 많았고 뭔가 삶을 바꿔보고 싶었다. 자기계발 세미나도 다녔고, 독서와 강연 프로그램 등을 들으러 부산에서 서울까지 2년 정도 다니기도 했다.

"시작은 잘하는 편이지만 꾸준히 지속하지 못했어요."

일상으로 돌아오면 똑같은 삶이 되풀이되었다. 강의에서 듣거나 책에서 말한 대로 따라 해보았지만 작심삼일이었고, 그런 자신에게 실망하기 일쑤였다. 자신에게 실천과 실행력이 부족하다는 것을 깨달았다.

'왜 꾸준하게 안 되지? 이유가 뭐지?'

그러던 차에 체중을 재보고는 깜짝 놀랐다.

"무려 68kg더라고요. 무기력하게 넋 놓고 있는 동안 인생 최고의 몸무게를 찍은 거죠."

충격을 받은 김은영 씨는 다이어트가 절실했다. 인터넷으로 다이어트 방법을 검색하다가 우연히 습관홈트 카페에서 5기를 모집하는 것을 보고 큰 기대 없이 참가했다. '이 정도는 나도 할 수 있겠다'라는 생각이 들었다고 한다.

🕐 고작 1분, 오늘 먹은 음식 2줄 쓰기

카페를 찾은 그녀에게 나는 개인적인 꿈과 직업적 꿈과 연관된 핵심습관 3가지를 정하라고 했다. 그녀는 고민 끝에 개인적인 꿈은 건강한 몸 만들기, 직업적 꿈은 직장에서 중간관리자로서 자질 키우기로 정했다.

우선 '건강한 몸 만들기'가 급했다. 10kg 감량을 목표로 하고, '오늘 먹은 음식 2줄 쓰기', 누운 상태에서 다리를 들어올렸다 내렸다 하는 운동인 '레그레이즈 10회', '영어 3문장 녹음하기'로 3가지 습관을 정했다. 모두 합해 9분이면 되었다.

김은영 씨의 하루 3가지 습관 목록

습관 목록	시간(분)	why this habit?
1. 오늘 먹은 음식 2줄 쓰기	3분	올바른 식습관을 가지기 위해
2. 레그레이즈 10회	3분	운동습관을 들이기 위해
3. 영어 3문장 녹음하기	3분	영어 공부하기

* 레그레이즈는 누운 상태에서 다리를 들어올렸다 내렸다 하는 운동. 하복부의 근육을 발달시키는 운동 중 하나이다.

김은영 씨는 지금까지 약 1년 4개월 동안 포기하지 않고 이 습관을 계속하고 있다. 작심삼일을 밥 먹듯 하던 그녀로서는 놀라운 변화였다. 6개월 만에 10kg 체중 감량에 성공했고, 1년 4개월 만에 16kg을 감량했다.

⏱ 음식 2줄 쓰기는 너무 간단하잖아요

김은영 씨가 1년 4개월 만에 16kg 체중 감량에 성공한 출발점은 바로 '오늘 먹은 음식 2줄 쓰기'였다.

"그동안 다이어트를 숱하게 시도했지만 실패했죠. 하지만 '오늘 먹은 음식 2줄 쓰기'는 너무 작은 습관이라 부담없이 시작할 수 있었어요."

실천은 매우 간단했다. 오늘 먹은 음식을 2줄 정도 기록하면 되는 것이었다.

아침(8시): 삶은 계란, 우유 한 잔
점심(12시): 닭가슴살 150g, 방울토마토 10개
저녁(5시): 스트링치즈, 우유 한 잔(회사에서)

한 달 동안 탄수화물 제로 식이, 저탄식이도 해보면서 몸의 변화를 기록했다. 밀가루 음식, 라면, 1회용 커피, 과자, 빵을 멀리하고 단백질과 지방의 균형을 유지하자 살이 서서히 빠졌다.

"매일 '오늘 먹은 음식 2줄 쓰기'를 하면서 제가 주로 탄수화물 위주의 식사를 한다는 걸 알았어요. 탄수화물, 단백질, 지방, 당에 대해서 공부하고 영양 성분표도 관심을 가지고 보고, 탄수화물 제로식이나 저탄식을 했죠.

그래도 일주일에 하루 정도는 치팅데이(Cheating day)를 정해서 먹고 싶은 걸 먹었어요. 여유를 가지면서 급하지 않게 탄수화물, 지방, 단백질을 조화롭게 유지하는 식단을 찾아가면서 과식하지 않는 습관을 들였어요."

이 작고 사소한 습관을 시작하면서 식단 조절 및 식이요법을 하게 되었고, 매일 아침 20~30분씩 꾸준히 운동을 하기에 이르렀다.

⏱ 6개월 만에 10kg 감량에 성공하다

습관 실천 후 6개월 만에 원래 목표였던 10kg을 감량했다. 시작은 잘하지만 꾸준히 지속하지 못했던 그녀가 어떻게 놀라운 변화에 성공할 수 있었을까?

매일 습관 실천 결과를 기록한 것이 유효했다. 기록하지 않으면 습관을 실천했는지 안 했는지 며칠 지나면 잊어버리게 되고, 3일이나 하지 않았으면서도 하루만 빠뜨렸다고 착각할 수도 있다. 특히 매일 결과를 기록하며 자신의 상태를 냉정하게 파악할 수 있다.

"기억은 내가 유리한 방향으로 조작할 수 있지만, 기록은 냉정하게 남죠. 그래서 객관적으로 내 습관 상황을 파악할 수 있었어요."

그녀의 습관 실천률은 평균 97%에 달한다. 기분 좋을 때만 습관

김은영 씨의 습관 실천률(2018년 4월~2019년 9월)

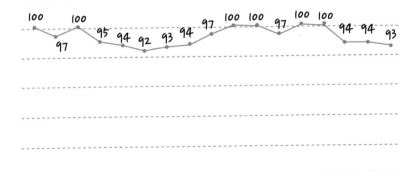

2018년 5월 6월 7월 8월 10월 11월 12월 2019년 2월 3월 4월 5월 6월 7월 8월 9월
　4월　　　　　　　　　　　　　　　1월

을 실천했다면 이런 극적인 반전 드라마는 없었을 것이다. 작고 사소한 것이라도 매일 습관을 실천하는 것이 무엇보다 중요하다는 것을 여실히 보여주고 있다.

🕐 1차 목표 달성 후 요요에 빠지다

그런데 1차 목표 달성 후 안일해졌다.

1개월 만에 10kg을 빼고 나자 식단도 신경을 덜 쓰게 되더라고요. 약 4개월 동안 체중이 4kg 다시 늘어났어요.”

그녀는 위기를 어떻게 극복할 수 있었을까? 바로 같은 관심사를 가진 사람들과 함께 습관을 실천하는 것으로 돌파했다.

“무엇보다 습관이라는 비슷한 목표를 가진 사람들과 함께한 것이 힘이 되었어요. 물론 각자 실천하는 작은 습관의 종류는 다르죠. 전 체중감량, 어떤 분들은 돈 모으기, 정리습관 등. 하지만 우리는 습관 실천이 부족한 사람들이었고 그걸 바꿔보려던 사람들이었죠. 마치 알콜중독자 치료 모임의 효과와 같다고 할까요. 우리는 서로가 서로에게 과정을 지켜봐주는 응원자였던 거죠.”

참가자들은 습관홈트 카톡방이나 프로그램에 자신의 습관기록을 매일 기록했다. 이렇게 인증을 함으로써 기록 관리뿐만 아니라 공개 선언 효과를 통해 좀 더 책임감을 갖게 되었다.

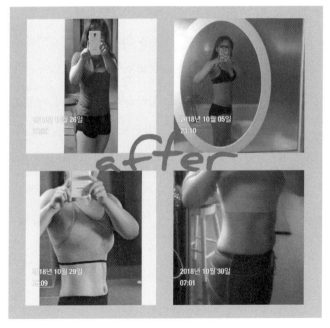

6개월 만에 10kg을 감량했고, 요요를 겪은 뒤 1년 4개월 만에 16kg 감량
에 성공해 유지하고 있다.

결국 그녀는 6개월 만에 10kg 체중 감량에 성공했고, 1년 4개월 만에 16kg을 감량했다. 물론 식이조절로만 된 것은 아니다.

"작은 습관을 실천하다 보니 내가 무엇을 좋아하는지, 무엇을 할 때 즐거운지 알게 되었어요. 처음에 오늘 먹은 음식 2줄 쓰기를 시작하면서 운동을 20분쯤 병행했는데, 제가 운동을 할 때 최고의 희열을 느끼더라고요. 내년에는 생활체육지도자 자격증도 딸 생각이에요."

정신력도 강해졌다. 예전에는 스트레스를 받으면 우울한 감정에 오랫동안 갇혀 있었는데, 이제는 금방 평상시의 감정으로 회복할 수 있을 만큼 마음의 근육이 단단해졌다.

가족 또한 변화되었다. 남편은 운동을 좋아하지 않는 편이고 허리가 안 좋아서 고생했는데, 지금은 함께 운동을 하며 나아졌다. 아들은 고등학교 3학년 때 엄마와 함께 홈짐을 했고 여동생도 함께 습관과 운동을 실천하고 있다.

삶이 무기력하고 목표를 찾지 못한 채 살고 있는 분이라면, 먼저 작은 습관 3가지를 정해보자. 행동으로 옮기다 보면 삶이 조금씩 변화하게 되고 차츰 목표도 생길 것이다.

작심삼일 초등 선생님,
2년 습관 지속 비결은?

책 읽기 2장, 스쿼트 10회

🕐 나를 잃어버린 것 같은 순간

박미리 씨는 초등학교 교사이자 6세, 3세 두 아이의 엄마이다. 아침 7시에 일어나 출근준비 하랴, 애들 등원 준비하랴, 퇴근 후에도 저녁을 챙겨 먹이고 씻기고 놀아주랴 정신이 없었다. 여유 시간이 있으면 휴대폰이나 컴퓨터를 하면서 시간을 보냈는데, 그러면서 차츰 자신을 잃어버린 것 같은 우울감을 느끼게 되었다. 그러다 둘째 출산 후 육아 휴직을 앞둔 여름에 휴직 동안 읽을 책을 찾아보다가 습관홈트를 만났다. 시작은 잘하지만 마무리가 안 되는 자신에게 꼭 필요하다는 생각이 들었다. 또 혼자보다는 뜻이 같은 사람들과 함께하는

게 효과적일 것 같았다.

⏱ 그녀의 3가지 작은 습관

박미리 씨는 '글쓰기 3줄, 책 읽기 2장, 스쿼트 10회'로 3가지 습관을 정했다. 목표는 학교 아이들과 함께 건강하게 성장하는 것이었고, 그 방법을 '기록하는 삶'에서 찾았다. 기록을 통해 몸과 마음을 건강하게 가꾸고 그 기록을 모아 책을 내어 경험을 나누고 싶었다.

박미리 씨의 하루 3가지 습관 목록

습관 목록	시간(분)	why this habit?
1. 글쓰기 3줄	5분	생각을 꺼내어 놓는 습관
2. 책 읽기 2장	3분	생각의 단서 찾기
3. 스쿼트 10회	1분	체력 기르기

* 스쿼트는 가장 기본적인 하체 단련 운동으로, 허벅지가 무릎과 수평이 될 때까지 앉았다 섰다 하는 동작이다.

그중에서 '글쓰기 3줄'은 핵심습관이자 가장 만들고 싶었던 습관이었다. 1년 동안 블로그 포스팅 100개를 목표로 했는데, 결과적으로 그해에 300개 넘는 포스트를 올렸고, 매일 소재를 고민하고 글로 쓰는 훈련이 되었다. 하지만 주로 감사일기, 육아일기, 사색일기 등 일상기록을 주로 썼다는 점이 걸렸다. 이제는 자신의 생각을 조금 더 체계적으로 정리하여 주제가 있는 글을 올리기로 했다. 그래서 2019년에는 주제가 있는 글을 150편 포스팅하기로 목표를 정했고, 그해 8월 말까지 220편 넘게 올릴 수 있었다.

'책 읽기 2장' 습관은 기록하는 습관으로 확장되었다. 책을 늘 가지고 다니며 시간을 만들어 읽고 기록으로 남긴다. 2019년 8월 말 기준으로 토지 17권째를 읽고 있으며, 50여 권 정도의 그림책을 읽고 기록으로 남겼다.

'스쿼트 10회' 운동습관으로는 적정 체중을 유지하고 있다. 처음에는 스쿼트 10회로 시작했다가 지루해질 즈음 플랭크(엎드린 상태에서 몸을 어깨부터 발목까지 일직선이 되게 하는 자세)로 바꾸고, 나중에는 허리 통증 때문에 스트레칭으로 바꾸기도 했다.

구체적인 내용이 종종 바뀌긴 했지만, 몸을 움직여 체력을 기르는 습관을 지속하고 있다. 운동습관 덕분에 둘째를 출산한 뒤에도 출산 전 체중으로 금방 돌아왔으며, 2018년 봄부터 오차범위 1kg 내에서 일정한 체중을 유지하고 있다.

🕐 습관 성공 비결

박미리 씨는 예전에는 시작은 잘하지만 끝을 못 맺었다. '어차피 끝까지 못 할텐데'라고 자신없어 했다. 하지만 2년 동안 꾸준히 작은 습관을 실천하는 비결을 물으니 이렇게 말했다.

"3가지 결심이 효과적이었어요. 첫째, 고민하지 말고 일단 시작한다, 둘째, 다른 사람에게 나의 습관 실천을 알리자, 셋째, 함께 실천하는 사람들과 대화를 통해 힘을 얻자."

박미리 씨의 습관 실천률은 94%로 높다. 간혹 80%대로 성공률이 내려가면 다시 다음 달에 90% 이상으로 회복하는 끈기를 보여주고 있다. 하루 10분은 아주 짧은 시간이지만, 꾸준히 쌓이고 포기하지만 않으면 만족할 만한 성과를 얻을 수 있다는 것을 잘 보여준다.

🕐 수동적 삶의 자세를 버리다

작고 사소한 습관을 2년 동안 지속했더니 변화가 일어났다.

"시간을 내 뜻대로 사용할 수 있게 되었어요."

박미리 씨는 작은 습관을 실천하고 꾸준함이 쌓이면서 하고 싶은 것이 점점 많아져서 새벽 기상을 시작했다. 새벽에 일어나 적게는 1시간, 많게는 2시간 반을 자신을 위해 사용할 수 있게 되었고, 잠깐씩 생기는 10분의 여유를 자기 뜻대로 사용할 수 있는 요령이 생겼다.

한편 습관홈트와 블로그를 통해 열심히 사는 사람들의 이야기를 많이 접하면서 워킹맘이어도, 직업이 없어도, 괴로운 일이 있어도, 삶을 적극적으로 경영해가는 사람들의 모습을 보며, 하고자 하는 마

박미리 씨의 습관 실천률(2018년 1월~2019년 9월)

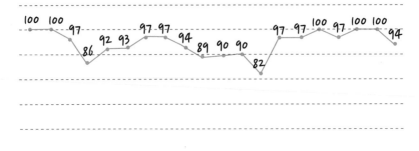

음이 있다면 방법은 어디에나 있고, 꾸준히 하면 원하는 바를 얻을 수 있다는 것도 깨닫게 되었다.

"핑계만 대던 수동적 삶의 자세를 버리게 되었어요."

또 도전하는 용기와 끝까지 해내는 끈기도 생겼다.

"낮에는 일을 하고, 남편은 자영업자라 퇴근이 늦어서 저녁에는 오롯이 애들을 봐야 했죠. 책 모임이나 글쓰기 모임에 가고 싶어도 정기적인 모임은 참석하기가 어려웠어요. 그런데 '끝까지 못 할 것 같은데…'라는 마음보다 '그래, 나도 할 수 있어'라는 자신감이 생겼기 때문에 핑계 대신 방법을 찾기 시작했어요."

박미리 씨는 오프라인 모임 대신 독서 모임, 글쓰기 모임, 콘텐츠 생산자 모임 등 다양한 온라인 모임에서 새로운 일에 도전하고, 그 일을 끝까지 해내는 자신의 모습을 보면서 스스로 기특하고 뿌듯해졌다. 지역 맘카페에서 10여 명의 엄마들을 모아 지금까지 2년 동안 습관을 지속해오고 있다.

"혼자 걸어가면 힘들어요. 손잡고 함께해야 꾸준히 할 수 있어요."

올바른 습관 전략만 세운다면 누구나 쉽게 작은 습관을 시작할 수 있다. 그리고 습관 실천 여부를 다른 사람에게 공유함으로써 지속력을 높이고 꾸준함을 키울 수 있다.

6

경력단절 주부,
다시 꿈을 찾아가다

영어 한 문단 읽고 쓰기

🕐 자존감이 자꾸 떨어져요

박정민 씨는 20대부터 30대 중반까지 치열하게 직장생활을 하다
가 결혼 후 아이를 낳고 전업주부가 되었다. 아이를 키우며 엄마인
자신도 함께 성장하길 바랐지만 현실은 좀 달랐다.

'육아하는 틈틈이 운동해야지, 책 읽어야지, 영어 공부해야지, 블
로그에 일상기록도 잘 해야지.'

하고 싶은 일은 많은데, 마음은 바쁘고 머릿속은 복잡했다. 당장
눈앞에 닥친 일들에 쫓기면서 해야 할 일과 하고 싶은 일들 사이에서
자주 방황하고, 밤이 되면 이루지 못한 많은 계획들을 돌이켜보며 속

상해하고 좌절했다. 이런 좌절이 반복되다 보니 어느덧 자존감도 점점 낮아져갔다.

🕐 나를 돌보기로 했다

박정민 씨는 운동과 꾸준한 글쓰기로 습관을 정했고, 목표는 재취업을 위한 기반 다지기로 정했다.

"습관 목록을 정하는 데 많은 고민을 했어요."

엄마의 손길이 많이 필요한 아이가 있지만, 자신의 몸과 마음이 건강해야 아이도 가정도 더 건강하고 행복할 수 있다는 생각이 들었다. 그래서 '나를 먼저 돌보기'로 마음을 먹었다. 그러던 중 습관홈트를 만나게 되었다.

먼저 핵심 습관 3가지를 결정했다. 습관 목록을 잘 뽑으려면 자신의 꿈과 연결시켜야 한다.

"자존감이 많이 떨어진 상태라서 인생에서 하고 싶은 일을 키워드로 뽑아내는 데 많은 시간을 투자했어요. 고민 끝에 찾아낸 인생키워드는 바로 '건강한 몸, 독서, 글쓰기, 영어'였어요."

박정민 씨는 재취업을 위한 기반 다지기, 운동과 꾸준한 글쓰기를 목표로 이를 이뤄내기 위한 기본적이고 좋은 습관이 무엇일까 고민한 끝에 습관 3개를 엄선했다.

바로 '공복 플랭크 1분 후 물 한 잔 마시기', '육아 사진 일기 1줄 쓰기', '영어 한 문단 듣고 받아쓰고 큰 소리로 1번 말하기'였다.

박정민 씨의 하루 3가지 습관 목록

습관 목록	시간(분)	why this habit?
1. 공복 플랭크 1분 후 물 한 잔 마시기	2분	운동습관 및 건강한 몸 만들기
2. 육아 사진 일기 1줄 쓰기	5분	글쓰기 연습
3. 영어 한 문단 듣고 받아쓰고 큰 소리로 1번 말하기	3분	영어 능력 향상

🕐 엄마의 시간 정하기

"처음에는 의욕이 넘쳐서 습관 성공률 100% 달성이라는 숫자에 집착했죠. 그런데 습관을 실천하지 않은 날은 마음이 풀어지는 거예요. '어차피 100% 달성도 아닌데 뭐' 하면서요. 그때까지만 해도 겉으로 보이는 결과와 다른 참가자들을 많이 의식했던 것 같아요."

박정민 씨는 그런 자신을 발견하고 초심, 즉 습관홈트를 시작하게 된 이유와 그 본질적인 목적에 대해서 생각했다.

"누구에게 보여주기 위해서가 아니라, 누구를 위해서가 아니라 바로 '나 자신'의 건강과 행복한 삶을 위한 것이었음을 되새겼어요."

그리고 슬럼프를 겪는 이유와 요인들을 분석했다.

"육아가 주된 일과이다 보니, 주말이나 아이가 아프거나 등 아이의 생활 시간표와 컨디션에 영향을 많이 받더라고요."

첫 10개월 동안은 습관 성공률이 상당히 높았지만, 11개월째인 2019년 3월부터 6월까지 약 4개월 동안 깊은 슬럼프에 빠져 70% 이하로 떨어졌다.

아이가 유치원을 다니기 시작한 2019년 3월부터 한참 적응하던 4개월 동안이 최대 위기였다. 아이의 유치원 적응에 초집중하던 시기라 평소보다 긴장도 많이 되고 피곤해서 습관을 생각할 여유가 없었다고 했다. 그러다가 밤이 되면 '아차차!' 하고 떠올랐지만 피곤해서 그냥 잠들기 일쑤였다.

그때 '아! 아직 이 습관들이 내 생활에 자연스럽게 스며들고 강화되기까지는 더욱 묵묵하게 노력하고 실천해야겠구나.'하는 생각이 들었다.

"아이들에게서 자유로울 수 있는 '엄마의 시간'을 정했어요."

아이가 일어나기 전인 '엄마의 시간'에 먼저 1분 플랭크와 영어 말하기 습관을 실천하고, 밤에 재우러 들어가기 전에 잠시 노는 틈에 인스타그램에 육아일기 쓰기를 하고 마무리했다. 물론 중간중간 변수가 있긴 하지만, 자신만의 루틴을 만들어놓으니 예전보다 한결 안정적이고 편안하게 습관을 실천할 수 있었다.

"바쁘고 정신이 없을수록 내가 더 소중히 챙겨야 할 것이 바로 '내 일상을 묵묵히 잘 살아나가는 힘'이라는 생각이 들었어요. 그러고 보니 오히려 작은 습관 3가지를 잘 실천한 날 하루를 더 정돈되고 편

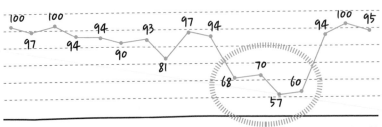

박정민 씨의 습관 실천률(2018년 4월~2019년 9월)

2018년 5월 6월 7월 8월 9월 10월 11월 12월 2019년 2월 3월 4월 5월 6월 7월 8월 9월
4월   1월

안하게 보냈더라고요.

'나를 위해 24시간 중 하루 10분, 멋진 인생을 위한 디딤돌 같은 3개의 습관을 못하랴?'라는 배짱이 생기더라고요. 정체기에 빠지더라도 다시 시작할 수 있게 도와주는 시스템이 중요해요."

🕐 나다운 일을 찾다

박정민 씨에게는 중간에 큰 고비도 있었지만, 작고 사소해 보이는 습관을 포기하지 않고 1년 6개월 동안 실천했더니 점차 삶에 변화가 찾아왔다.

'공복 플랭크 1분 후 물 한 잔 마시기'를 실천하며 몸의 근력을 키워나가니 마음의 근력도 전보다 단단해졌고 육아의 고단함도 좀 더 수월해졌다.

'육아 사진 일기 1줄 쓰기' 습관을 통해서는 일상과 육아에 관해 글과 사진으로 1년 이상 차곡차곡 기록했다. 그러다 지역 'SNS 기자단'에 선발되어 현재 활발히 활동하고 있다. 초기엔 엄마의 소소한 기록일 뿐이었지만, 계속 실천하다 보니 엄마라서 꼭 해보고 싶은 영역으로 확대되었고, '엄마의 시선으로, 아이의 발걸음으로'라는 차별화된 콘텐츠를 개발하는 데 성공한 것이다.

마지막으로 영어 공부 습관을 통해 항상 부담스러웠던 영어 말하기에 조금씩 자신감이 붙기 시작했다. 지금은 지역 도서관에서 '우리 아이 첫 영어 동화'를 주제로 4회 연속 특강을 진행했고 도서관 주말 프로그램 '영어 그림책 읽어주는 선생님'으로 재능기부 활동을 하고 있다. 요즘은 그림책을 활용한 영어 공부에 관심 있는 엄마와 유아들에게 도움이 될 만한 새로운 프로젝트를 구상하며, 직업적 꿈에 한 발짝 더 다가가고 있다.

습관을 실천하면서 생각과 태도에도 변화가 생기기 시작했다.

"기본에 충실하고자 노력해요. 늘 의욕과 욕심이 많이 앞섰는데, 습관을 실천하면서 작지만 강력한 힘은 기본에 충실한 꾸준함에서 나온다는 것을 깨달았어요."

그녀는 습관을 통해 자신과 자신의 생활을 더욱 사랑하게 되었고, 스스로가 만족할 수 있는 삶을 위해 무엇을 더하고 빼면 좋을지에 대해 늘 생각하게 되었다. 아울러 자신의 경험과 가치를 타인과 나누고 공유하는 삶에 대해서도 고민하게 되었다.

'우리 아이 첫 영어 동화' 특강 중인 박정민 씨

"엄마라서 하고 싶은 것들을 참지 말고, 하고 싶은 게 있으면 시작하세요. 너무 거창한 것이 아니라, 엄마라서 지금 할 수 있는 아주 작은 것부터요. 시작은 작고 미약해도, 작은 습관을 구체화해 실천하다 보면 상상만 했던 일들이 하나씩 실현되는 즐거운 경험을 할 수 있어요."

내가 그랬던 것처럼, 박정민 씨가 그랬던 것처럼, 여러분의 작은 시작을 힘껏 응원한다.

저질 체력, 어떻게 20km 마라톤에 성공했을까?

플래너 한 줄 업데이트

🕐 5층 계단만 올라도 다리가 후들거려요

경기도 안산의 외국계 기업에 근무하는 박종국 씨는 알람 소리에 겨우 일어나고, 퇴근 후에는 TV만 보았다. 밤에 아이들을 재우면서 혼자 핸드폰으로 게임을 하다가 새벽에 잠들기 일쑤였다. 늘 잠이 부족했고 버럭 화를 내고 조바심을 냈다. 배가 나오고 체력도 약해서 200m만 뛰어도 숨이 찼다. 5층 계단만 올라도 다리가 풀려버릴 정도였다.

⏱ 특별한 인연

박종국 씨와의 인연은 조금 특별하다. 첫 책을 출간하고 20여 일이 지나 독자로부터 처음으로 이메일을 받았는데, 그 주인공이 바로 박종국 씨였다.

그는 동료들과 함께 습관홈트를 시작해도 될지 조언을 구했다. 나는 그에게 충분히 자격이 있다는 용기를 주었다. 그는 2017년 8월 17일에 직장 동료 7명과 함께 작은 습관 실천 프로젝트를 시작했고, 지금까지 2년 넘게 유지해오고 있다.

⏱ 허리가 4인치 줄었어요

박종국 씨의 꿈은 욕심을 버리고 행복하게 살기이고, 동기부여 강사, PCB 업체 리더가 되는 것이다. 그는 이 꿈을 달성하기 위해 습관 3개를 엄선했다. 매일 1줄 이상 플래너 업데이트하기, PCB 관련 Q&A 1개 만들기, 팔굽혀펴기 1개이다.

'팔굽혀펴기 1개'라는 습관을 통해 체중을 감량하거나 몸짱이 되려는 기대를 한 것은 아니었다. 그저 뱃살을 빼고 건강하고 행복한 삶을 살기 위해서였다.

그런데 팔굽혀펴기 습관이 자리 잡자 점차 다른 운동 습관을 가지게 되었다. 이후 자전거를 타고 출퇴근을 시작했다. 퇴근 후에는

박종국 씨의 하루 3가지 습관 목록

습관 목록	시간(분)	why this habit?
1. 매일 플래너 1줄 이상 업데이트하기	4분	계획적인 삶
2. PCB 관련 Q&A 1개 만들기	3분	업무 능력 향상
3. 팔굽혀펴기 1개	1분	건강 증진 및 유지

24층까지 계단을 이용하는 습관도 생겼다. 예전에는 5층까지만 계단을 걸어 올라가도 다리가 후들거렸는데, 지금은 24층 계단을 왕복 10회 이상 쉬지 않고 계속 반복할 체력이 되었다.

그 결과 2017년 10월에는 체중이 72kg이었는데, 1년 후 61~62kg이 되었고 지금까지 유지하고 있다. 허리도 4인치(약 10cm) 줄어 대부분의 옷을 새로 샀다. 달리기도 일주일에 3일 정도 하고 있다.

"원래는 200m도 뛰지 못했어요. 숨이 차서요. 그런데 최근 20km 마라톤을 완주했죠. 몇 년 안에 마라톤 완주를 하는 게 목표예요."

박종국 씨는 동료들과 함께 습관을 실천하고 있다. 처음엔 7명과 시작했는데 지금은 11명으로 늘어났다. 전체 평균 성공률도 98%라는 경이로운 기록을 달성하고 있다.

"2% 실패한 원인은 음주였어요."

원래는 동료들과 1년만 함께 습관을 실천하기로 계획했지만 현재 2년 넘게 함께하고 있다. 별 것 아닌 것 같은 습관을 통해 다들 많은 긍정적인 삶의 변화를 경험하고 있기 때문이다.

🕐 어떻게 변화에 성공할 수 있었을까?

무기력하고 화만 내고 체력도 약하고 배만 나온 중년의 아저씨는 어떻게 변화에 성공할 수 있었을까?

우선 그는 욕심을 버렸다. 팔굽혀펴기 단 1회.

하나에 너무 치중하거나 무리하다 보면 균형이 무너지고 자칫 슬럼프에 빠질 수 있기에 그는 리스크 분산 차원에서라도 습관 실천 항목들을 골고루 분산해서 매일, 조금씩, 올바르게 하는 데 중점을 두었다. 작은 습관 실천 항목 3가지는 필수로 하되, 나머지 습관은 그날의 상황(날씨, 집안일, 몸의 컨디션 등)에 따라 다 하기도 하고 선택

자신이 직접 만든 플래너를
보여주는 박종국 씨

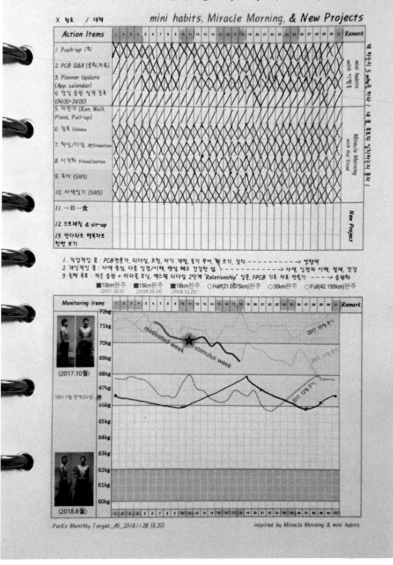

박종국 씨의 플래너 내부

100 100 100 100 100 100 100 97 97 97 98 97 97 100 97 100 97

2018년 5월 6월 7월 8월 9월 10월 11월 12월 2019년 2월 3월 4월 5월 6월 7월 8월 9월
4월   1월

적으로도 한다. 달리기의 경우 무리하지 않고 한 달에 1km씩 늘린다는 마음으로 하니 부담감도 줄고 도전하는 즐거움이 생겼다. 그는 직접 체크시트와 플래너를 만들어 실천하고 있다.

박종국 씨의 습관 성공률은 거의 100%에 근접한다. 매일 습관을 실천하는 것이 무엇보다 중요함을 여실히 보여주는 모범 사례이다.

🕐 슬럼프에서 어떻게 빠져나왔을까?

박종국 씨는 매월 100% 성공률을 달성했는데, 8개월 만에 그것이 깨졌다. 그래도 물론 97%로 높은 수치지만, 그의 입장에서는 옥에 티가 되었고, 그때부터 의기소침해지며 위기가 찾아왔다.

슬럼프는 결국 욕심 때문이었다. 작은 습관을 꾸준히 실천하면 주변이 바뀌고 박수를 쳐주고 꽃길이 펼쳐질 줄 알았다. 하지만 외적인 변화로 남에게 영향을 주는 것이 아니라, 중요한 것은 자기 내면의 변화와 강화임을 깨닫는 계기가 되었다.

"죽음이 누구에게나 찾아오는 것처럼, 습관을 실천하는 과정에서 슬럼프가 찾아오는 것도 지극히 정상인 거죠. 그걸 깨닫고 욕심을 버리는 연습을 했어요."

이후 체력뿐만 아니라 독서와 사색을 삶의 중심에 두고 건강한 몸은 건강한 정신과 어울린다는 믿음으로 균형을 맞추다 보니, 조금씩 욕심을 버리게 되었고, 평상심을 회복할 수 있었다.

"운동 전에 신발과 모자를 사고, 운동복을 장만하고 헬스장을 알아보려다 보면, 결국 못하게 되는 경우가 많아요. 일단 해보세요. 딱 일주일만 해보고 판단해도 늦지 않아요."

박종국 씨는 일주일 후에 할 만하면 한 달, 1년, 그렇게 하다 보면 자신감이 생기고 일상에 생기가 돈다고 말한다.

시간에 쫓기던 대학생,
꿈을 읽고 그리다

드로잉 한 장 그리기

🕐 그림책 작가가 꿈, 딱 2분만을 외치다

대학생인 이다빈 씨는 그림책 작가가 꿈이다. 평소 당장 급한 학교 과제나 일은 그때그때 처리해서 밀리지는 않았지만, 급하게 쫓겨서 마무리 짓는 경우가 많았다. 그렇다 보니 급하지 않지만 하고 싶었던 일들은 '나중에 해야지' 하며 많이 미뤄왔다.

그녀는 그림책 작가의 꿈을 위해 습관 목록을 '책 읽기 2쪽, 드로잉 1장 그리기, 발레동작 2회 따라 하기'로 정했다.

대학생 이다빈 씨가 습관을 포기하지 않고 1년 9개월 동안 지속해온 비결은 무엇일까?

"아주 짧게 딱 2분만 하더라도, 그 사실만으로 잘하고 있다며 나를 칭찬했죠."

이다빈 씨의 하루 3가지 습관 목록

습관 목록	시간(분)	why this habit?
1. 책 읽기 2쪽	4분	시야 확장
2. 드로잉 1장 그리기	5분	그림 그리는 습관 만들기
3. 발레동작 2회 따라 하기	1분	건강 관리

물론 위기도 있었다. 두 번째 달에 처음으로 습관을 실천하지 못한 날, 그 다음 날이 최대 위기였다.

"어제 못 했는데 별일 없었으니 오늘까지만 쉴까 하는 마음이 들었어요."

그렇지만 애써 '딱 2분만!'이라고 의식적으로 생각했다.

"정말 피곤한 날은 잠들기 전에 '딱 2분만!'이라고 속으로 외쳐요. 2분이라는 시간이 워낙 짧게 느껴져서 그런지, 어떻게든 하게 되어요."

보통 습관 하나를 하게 되면 나머지도 저절로 하게 된다. 이제는 개인 일정이 많거나 너무 피곤해서 실천하지 못할 것 같은 날에도 적어도 하나라도 하자고 생각하게 되었다. 또한 전날 습관을 실천하지 못했더라도 적어도 "이틀 연속으로 못하는 건 안 된다"며 그 다음 날은 아침 일찍 실천한다. 이런 노력의 결과로 1년 9개월 동안 이다빈 씨의 평균 성공률은 98%로 상당히 높다.

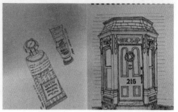

이다빈 씨의 습관 실천 후 드로잉 북   (상)습관 실천 초기의 그림 (하)최근 그림

🕐 드로잉이 어떻게 변했을까?

이다빈 씨는 작은 행동의 반복으로 큰 변화를 몸소 느끼고 있다. 우선 읽는 책의 권수가 많이 늘었다. 예전에는 책을 거의 읽지 않았는데 한두 권씩 늘더니 지금은 일주일에 1권 정도 읽는다. 그림도 처음에는 시작하기 어려웠는데, 지금은 대단한 걸 그리지 않아도 일단 시작해보자고 마음먹고 실천하게 되었다.

"어느 날 문득 '아, 내가 정말 많이 변했구나' 느꼈어요. 이제는 나를 그림 그리는 사람이라고 스스로 믿게 된 것 같아요. 무엇보다 습관을 꾸준히 하면서 나를 좀 더 좋아하게 되었고, 그 사실 하나만으로도 무척 고마움을 느껴요."

이다빈 씨의 습관 실천률(2018년 1월~2019년 8월)

100   100 100 100 100 100 100 100 100 100 100   100   100 100 100 100 100

96   97

94

2018년 2월 3월 4월 5월 6월 7월 8월 9월 10월 11월 12월 2019년 2월 3월 4월 5월 6월 7월 8월
1월   1월

　　그녀는 "매일 조금의 습관을 실천한 나를 칭찬해주는 것이 중요
해요."라고 말했다.

　　습관은 자신의 하루를 조금씩 변화시켜나가고, 스스로를 더 사
랑하게 하는 커다란 힘이 있다. 꼭 도전해보자.

엄마의 솔선수범,
아이들이 달라지다

이불 정리의 기적

🕐 마찰이 자꾸 생기더라고요, 아시죠?

최경희 씨는 초등학교 6학년 아들, 5학년 딸 남매의 엄마이다. 그런데 아이들에게 좋은 습관이 잘 안 들어 속상한 적이 많았다. 신발과 가방을 아무데나 던져놓고, 옷은 뱀 허물처럼 벗어놓고, 전날에 가방을 싸놓지 않고 준비물을 깜박하고, 학원은 가라고 해야 가고, 방 정리도 안 되어 있고, 숙제는 왜 꼭 자기 전에 하는지.

'아이들이 어떻게 다 잘하겠어, 이러는 게 정상이지' 하며 마음을 다잡다가도 '이러다 습관이 되면 어쩌지?' 하는 생각에 걱정되고 불안했다. 그동안 섭렵했던 육아서의 내용을 떠올리며 '무슨 일이 있어도 화내지 말아야 하는데. 부모의 행동을 아이가 답습한다는데, '나 대화법으로 말해야 하는데.' 하는 생각을 하다가도 때로 피곤과 짜증이 겹쳐 한계가 오면 큰소리가 먼저 나가곤 했다.

"가끔 내가 알던 아이가 아닌 아이가 나타나 저를 뒤흔들어 감정의 롤러코스터를 태우니 마찰이 자꾸 생기더라고요. 아시죠?"

뭐든 과하거나 억지로 했을 때 결론은 두 가지이다. 엄마가 지쳐 포기하거나, 강하게 하다가 아이와 관계가 틀어지거나….

🕐 습관이 왜 잘 유지되지 못했을까?

최경희 씨는 특별히 꿈에 대해 생각해본 적이 없다고 했다. 구체적인 목표나 계획 없이 눈앞에 닥친 일, 급한 일 위주로 처리하며 살아왔다. 정말 어렵게 계획을 세웠다 하더라도 행동으로 옮겨 실천하지 못하기 일쑤였다.

"계획을 세우기도 귀찮고 행동으로 옮기는 것은 더 힘들었어요."

무엇보다 아이들이 뜻대로 따라주지 않아 잔소리가 많아졌다.

"아이들에게는 공부보다 인성과 생활습관이라고 생각하고 있었는데, 어느 날 책을 읽고 습관의 중요성을 절실히 깨달은 후 엑셀로 직접 표를 만들어 관리하며 습관교육을 했어요."

그런데 생각만큼 잘되지 않았다.

"시킬 땐 칼같이 막 시키다가, 때론 봐주고, 어떨 땐 신경을 못

쓰고…. 들쑥날쑥하다 보니 아이도 엄마도 금방 지쳐버렸죠."

이대론 안 되겠다 싶어 고민하던 차에 습관홈트를 만났다.

"꾸준한 관리가 문제였다고 생각했던 제게 완전 빛과 같았어요. 일단 부모가 모범이 되어야지 싶어 제가 먼저 도전해보기로 했죠. 아이들이 '엄마는 안 하면서 왜 우리들에게만 시켜?'라고 대놓고 따지진 않았지만, 아마 자기들도 모르게 그런 이유로 하기 싫어했을 것 같다는 생각이 들었거든요."

🕐 롤모델이 되고 싶어요

최경희 씨는 두 가지 꿈을 정했다. 내 이름으로 된 책 내기와 아이의 롤모델 되기였다. 아이들이 엄마가 성장하는 모습을 보면서 닮고 싶어 하도록 말이다.

"감사하고 긍정적인 생각을 하는 엄마, 두려워하지 않고 용기 내어 도전하는 행동하는 엄마, 그래서 '나도 엄마 같은 사람이 되고 싶어'란 얘기를 듣고 싶었어요."

그녀는 이 꿈을 달성하기 위해 책 읽기 5쪽, 감사일기 2줄 쓰기, 스쿼트 10회 등 3가지를 핵심습관으로 정했다.

🕐 사전 조치 전략

최경희 씨는 18개월 동안 거의 모든 달에 100% 성공률을 달성했다. 그녀는 어떻게 이런 놀라운 성공률을 달성할 수 있었을까?

그녀가 밝힌 습관 성공 비법은 바로 사전 조치 전략이다.

사람들이 초기에 흔히 실패하는 원인 중 하나가 바로 '까먹어서'라고 한다. 그녀는 이런 실패를 막기 위해 알람을 미리 설정해두었다. 시간을 정해 자신만의 시스템을 일상 속에 만들어놓은 것이다.

"저녁 8시에 알람이 울리면 감사일기를 밴드에 올려요."

요즘은 시간이 있는 날에는 오전에 알람을 맞춰놓고 미리 감사일기를 작성하기도 한다.

🕐 공개 선언 효과

또 그녀는 매일 저녁 9시 30분에 알람을 맞춰놓고 단톡방에 톡을 남기고 있다. 습관을 까먹지 않도록 하는 것이다.

'까똑~ 오늘 습관 실천하셨나요?'

가끔 첫 번째 알람소리가 울리는 저녁 8시를 놓치더라도, 두 번째 알람이 울리는 저녁 9시 30분에는 습관을 실천할 수 있도록 이중 장치를 마련해놓았다.

나만을 위해서는 귀찮고 깜빡할 수 있는 일도 타인을 위해서는

최경희 씨의 하루 3가지 습관 목록

습관 목록	시간(분)	why this habit?
1. 책 읽기 2쪽	3분	책 읽기 습관, 감사일기 소재
2. 감사일기 2줄 쓰기	5분	감사습관, 기록습관, 나눔
3. 스쿼트 10회	2분	운동습관 만들기

의식해서 실천하게 되니 성공률이 높아질 수밖에 없었다. 혼자 습관을 실천했다면 하지 않아도 될 일을 뜻이 같은 동료들과 함께 실천하다 보니 공개 선언 효과의 덕을 볼 수 있게 된 것이다.

최경희 씨의 습관 실천률(2018년 4월~2019년 9월)

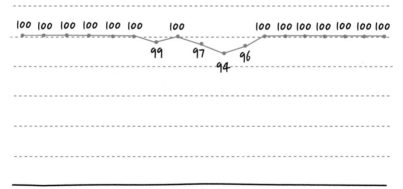

2018년 4월 5월 6월 7월 8월 9월 10월 11월 12월 2019년 1월 2월 3월 4월 5월 6월 7월 8월 9월

그렇게 1년 6개월 동안 멈추지 않고 지속했더니 어느덧 여러 가지 변화가 시작되었다.

"제가 2018년 4월부터 시작하여 여름휴가를 가서도 습관을 실천하는 모습을 꾸준히 보여주었더니 자기들도 습관 프로그램을 하고 싶다고 하더라고요. 얼마나 기쁘던지요."

엄마가 포기하지 않고 꾸준히 습관을 실천하니 아이들이 관심을 보이기 시작하더니 따라 하게 된 것이다.

"'몸으로 가르치니 따르고, 말로 가르치니 따지더라'라는 『후한서』의 말이 정말 사실이었어요. 그해 9월부터 아이들도 본격적으로 습관을 실천했는데 많이 바뀌었어요.

학교 갔다 와서 그날 배운 내용을 정리하는 백지 복습을 하고, 자고 일어나서 이불도 정리하고, 책 정리를 도와주다가 독서 삼매경에 빠지기도 합니다. 실내화는 스스로 알아서 빨고 설거지 등 엄마 일도 도와주는 아이로 변했어요."

덕분에 팟캐스트 라디오에도 출연했다(2018. 12. 28 〈엄마도 여자다〉 122화~124화 출연).

"심장이 떨려서 남 앞에 나서는 일을 두려워하던 제가 아이들의 습관 실천 경험을 라디오 방송에서 이야기했다는 것은 커다란 인생의 선물이었죠."

2019년 7월에는 '책아이
책엄마 글 작가' 감사패를 받
기도 했다.

"매년 초에 같은 계획을
세우고 같은 후회와 반성을 하
는 다람쥐 쳇바퀴 같은 인생을 살았는데, 감사일기 2줄 쓰기 습관으
로 나를 자책하기보다는 내가 가진 것에 감사하고 행복해하니 실행
력에 탄력이 붙고, 의미 있는 상까지 받게 되었습니다.

무엇보다 흔한 존재로 살 뻔한 나를 꿈틀하게 만들고 나도 세상
에 기여할 수 있고 많은 이들에게 영향을 미칠 수 있는 힘이 있음을
알게 해준 것이 커다란 선물입니다."

🕐 습관도 나답게

아이들의 성공률이 높은 이유는 무엇일까? 그녀는 습관 만들기
의 성공률을 높이는 비법도 소개해주었다. 아이의 성향에 따라 맞춤
조언을 해주었다고 한다.

아들이 실천하는 습관은 긍정문 읽으며 스쿼트 5회 하기, 미덕
카드 1개 만들기. 5분 순환 운동하기이다.

"아들은 즉흥적이고 굵고 짧은 걸 좋아해요. 쓰는 것보다 말하는
걸 좋아하고요. 아이가 원하는 대로 오전에 후다닥 습관을 실천할 수

아들의 하루 3가지 습관 목록

습관 목록	시간(분)	why this habit?
1. 긍정문 읽으며 스쿼트 5회	2분	to have good mind and good body
2. 미덕 카드 1개 만들기	3분	to have good mind
3. 5분 순환 운동하기	5분	to have good body

딸의 하루 3가지 습관 목록

습관 목록	시간(분)	why this habit?
1. 이불 정리하기	1분	아침에 일어나서 이불을 개는 사람이 부자가 된다고 해서
2. 미덕 카드 1개 만들기	3분	인성 키우기
3. 책 2쪽 읽기	5분	생각 키우기

있도록 했죠."

반면 딸의 성향은 달랐다. 딸의 습관 목록은 이불 정리하기, 미덕 1개 낭독하기, 그리고 책 읽기 2쪽이다.

"알아서 똑 부러지게 하는 목표지향적인 아이죠. 자기가 하고 싶을 때 하도록 했어요. 오히려 간섭하면 싫어하죠."

이렇게 아이들 각자의 성향을 이용해서 습관을 정하고 실천하도록 가이드해주는 것이 도움이 되었다. 또한 아이들도 자신의 꿈이나

우리 아이가 달라졌어요.

백지복습

이부자리 정리

이부자리 정리

실내화 빨기
자기의 일은 스스로

책 정리 도와주다
독서삼매경

엄마도와주기

연간목표를 정하고 그에 맞는 습관 목록을 정하면 더 잘 지키게 되는 것 같다고 말했다. 또 부모가 정해주면 안 되고, 아이가 스스로 원하는 습관을 고르도록 하는 것이 무엇보다 중요하다고 강조했다.

⏱ 자존감 수업

그녀는 습관을 통해 꿈을 갖게 되었고, 작은 습관들을 성공하면서 나도 할 수 있다는 자신감을 갖게 되었다.

"지금까진 꿈이 뭔지, 내가 잘하는 것이 뭔지, 지금 내가 뭘 할 수 있는지 모른 채 살았어요. 큰 그림 없이 그냥 좋은 게 좋은 거라며 목적 없이 살았지요."

전업주부로서 세상 밖으로 나설 용기, 도전하는 용기가 없었다. 용기 부족으로 늘 소극적이었으며, 인풋만 있고 아웃풋이 없었고, 무엇보다 관심 분야의 다양성 때문인지 무엇 하나 꾸준히 실천하지 못했다. 그런데 꾸준히(그것도 100%를 지켜가며) 실천하게 되니 자신감과 용기, 자존감도 높아졌다.

"저는 잘 모르겠는데, 주변에선 대단하다, 부럽다, 닮고 싶다고 말하는 분들이 늘어서 기분이 좋아요. 여전히 귀찮지만 이젠 운동이 싫지 않고 운동의 중요성이 머리에 들어오고, 그래서 다른 운동들도 시도해보려고 기웃기웃하기 시작했어요."

좋은 습관 하나는 다른 좋은 습관으로 연결된다. 그리고 아이들에게 시키기 전에 내가 모범을 보여주기 위해 노력하고, 잔소리하기 전에 나부터 돌아보게 되었다.

"다른 사람들의 성공 사례를 보면 괜히 주눅 들고 '난 아직 그런 성과가 없는데 뭐가 잘못된 거지?'라고 생각한 적도 있어요. 하지만 뚜렷한 성과가 없어도 일단 한다는 것이 중요한 것 같아요."

그녀는 멈추지 않으면 언젠가 목적지에 도착할 날이 오듯, 무언가 꾸준히 하다 보면 터널의 끝이 보이고 풍성한 열매를 얻는 날도 올 거라고 믿는다.

"토끼와 거북처럼 멋진 역전이 없어도 괜찮아요. 눈부신 결과가 없어도 괜찮아요. 여행을 할 때 목적지만 보고 가면 주변 풍경 다 놓치는 것처럼, 여행의 진짜 이유는 출발 전, 그리고 여행 동안에 겪고 생각하고 경험한 일들이라고 생각해요.

습관을 실천하는 동안 많은 것들을 얻을 거예요. 다만 내가 눈치 채지 못할 뿐이죠. 최소한 자신감과 자존감이 올라가 행복해진 나를 발견할거라 믿어요."

그녀는 혼자보다는 함께하는 것이 비법이라고 했다. 목표를 향해 실천하는 사람들과 긍정 에너지를 나누며 함께 가면 성공 확률도 높아진다고 했다. 안 된다고 생각하지 말고 되는 방향으로 시선과 생각을 바꾸고 도전해보라고 권했다.

"100세에 세계를 감동시킨 모지스 할머니를 보며 결코 늦지 않았음을 깨닫고, 내가 할 수 있는 아주 작은 것들부터 시작해보세요. 시간도 아이도 언제나 날 기다려주지 않으니까요."

2장

내게 맞는 습관은
따로 있다

"인생은 끊임없는 반복,
반복에 지치지 않는 자가
성취한다."
- 드라마 〈미생〉 중에서

나의 습관
성공 키워드

나의 핵심 키워드 찾기

🕐 하우스턴의 키워드

2013년 MIT 졸업식장, 드롭박스의 공동 창업자이자 CEO인 드류 하우스턴은 졸업식 초청 연단에서 서 있었다. 날씨는 어두컴컴했고 하늘에서는 비가 계속 내렸다. 그의 축사는 시작부터 평범하다 못해 지루했다. "졸업을 축하한다"라는 말과 "자신이 좋아하는 일을 하라"라는 등 여느 축사와 다를 게 없어 보였다.

하지만 반전이 일어났다. 축사가 2분 48초를 넘어가면서, 7년 전 22세의 그가 MIT 졸업 당시에 봤으면 참 좋았을 커닝페이퍼(Cheat Sheet)를 소개했다. 그 페이퍼에는 3가지 단어가 적혀 있었다. 그의 인생 키워드였다.

테니스공, 동그라미. 30,000

첫 번째 단어인 '테니스공'은 집착에 가까울 정도로 몰입할 수 있는 '좋아하는 일'을 찾으라는 의미였다. 마치 테니스공을 던져주면 좋아라 물불 안 가리고 쫓아가는 강아지의 몰입처럼 말이다.

'동그라미'는 서클(Circle: 모임)이란 뜻으로, 당신은 이 동그라미 안에 있는 친구 5명의 평균이 된다는 의미이다. 미국의 사업가이며 동기부여가인 짐 론은 "우리는 가장 많이 어울리는 다섯 사람의 평균이 된다"라고 말한 바 있다. 따라서 당신 주위에 누가 있는지가 중요하다.

'30,000'이란 숫자는 인간이 평균 3만 일(약 82년)을 산다는 것으로, 그러니 매일 하루를 의미 있게 살아야 한다는 것이다. 나는 계산해보니 벌써 17,500일을 살았다. 벌써 58%의 삶을 살았다는 계산만으로도 정신이 번쩍 들었다.

🕐 나의 습관 키워드

나는 드류 하우스턴의 졸업 축사 동영상을 본 다음 깊은 감명을 받았다. 그래서 습관에 관련된 키워드를 곰곰이 생각해서 나의 핵심 키워드 3개를 찾아냈다.

습관의 완성

배터리

'배터리'는 시작의 중요성을 함축하고 있다. 아무리 좋은 생각이 머릿속에 가득해도 실행에 옮기지 않으면 무용지물이다. 그러니 당신의 배터리에 시동을 걸어 제발 뭐라도 당장 시작하라는 의미이다.

습관은 배터리처럼 우리가 더 커다란 목표를 달성하도록 도와준다. 나의 경우에는 습관 책이 배터리의 역할을 한 셈이다. 그 작고 사소한 시작이 나의 꿈인 '습관 조력자'가 되도록 이끌어주었다.

습관홈트의 한 참가자는 '도서관 가서 책 1쪽 읽기'를 시작했다. 책을 읽다 보니 미세먼지에 관심을 갖게 되었고, 결국 대기환경 자격증에 도전하여 합격했다. 작은 시작이 시작할 당시 상상도 하지 못했던 꿈을 찾아주는 큰 역할을 한 셈이다.

죽음의 계곡

'죽음의 계곡'은 바로 지속의 중요성을 의미한다. 지금까지 나는 500명이 넘는 사람들이 습관을 만드는 것을 돕고 있다. 그런데 중도 포기자들은 시작 후 60~90일 사이에 그만두는 경우가 많다는 사실을 알게 되었다. 나는 이를 '죽음의 계곡'이라고 이름을 붙였다.

뭔가를 시작하는 것도 중요하지만, 더 중요한 것은 꾸준히 해야 한다는 것이다. 아무리 지치고 우울하고 힘든 날도 습관을 멈추지 않고 반복한다면 그것이 쌓여서 결국은 잘할 수 있게 된다.

한 전업주부 참가자가 다시 사회에 진출하기 위해 '영어회화 2문장 외우기'를 실천하기로 결심했다. 그렇다면 만일 아이가 밤에 잠을 안 자서 힘들더라도, 시간을 어떻게든 만들어 지속해야만 영어회화를 잘할 수 있게 된다.

습관은 하루의 루틴을 만들어준다. 루틴이 있는 사람은 감정의 기복이나 삶이 주는 좌절과 상처에도 쉽게 무너지지 않는다. 할 일은 해놓고 쉬는 통제력을 길러준다.

통제력은 매우 중요한 요소이다. 우리는 너무나 많은 일들의 통제권을 남에게 맡겨버리고 살고 있다. 하루 중 단 몇 분이라도 스스로의 통제권을 발휘해야 한다. 우리가 좋아하고 원하는 일을 지속하는 루틴이 있다는 것은 쉽게 망가지지 않는다는 뜻이며, 우리는 그 통제력 속에서 성장할 수 있다.

습관홈트의 원칙은 '매일 조금씩 올바르게'이다. 하루 10분 정도에 3개를 실천할 수 있을 만큼 습관을 작게 정하고, 매일 100% 실천해야 한다. 그리고 올바르게 실천해야 한다.

올바르게 실천하는 방법은 뒤에서 소개할 S.W.A.P 기법(습관 목록 엄선, 기록의 중요성, 평가 및 보상)에 따라 실천하는 것이다. 나는 이를 실행하기 위한 도구로 '습관홈트 일일 관리 시스템'을 개발하여 참가자들이 매일 습관을 실천하고 그 결과를 입력하여 실패 원인을 분석하도록 돕고 있다.

숫자 2

마지막으로 '숫자 2'는 '함께하는 힘의 중요성'을 의미한다. 물론 혼자서도 훌륭한 성과를 만들어내는 사람들이 있지만, 보통은 변화를 만들어가는 과정에서 마주치는 수많은 유혹을 혼자 이겨내기는 쉽지 않다.

"이 콜라는 다이어트 콜라라 살이 안 찔 거야."

이렇게 자기합리화를 하는 순간 다이어트라는 목표는 위기에 봉착하게 된다. 이러한 유혹을 뿌리치려면 내 목표를 공개적으로 다른 사람 앞에서 선언하는 것이 도움이 된다. 습관 형성에서 나 이외의 다른 사람이 필요한 이유이다.

부자가 되려면 부자와 어울려야 하고, 영어를 잘하려면 영어를 잘하는 사람과 어울려야 하듯, 변화에 성공하려면 변화에 관심이 있는 사람이 최소한 한 명이라도 주변에 있어야 한다. 나를 포함하여 나의 목표를 알고 있는 사람이 최소한 2명은 되어야 한다.

우리는 변화에 관심 있는 사람들이 카카오톡 단톡방에 모여 함께 각자의 습관을 실천하고 있다. 서로의 꿈과 목표를 공유하고 습관 실천 노하우를 공유하며 성장해간다. 또한 나는 습관 조력자로서 조언과 피드백을 통해 사람들이 올바른 방법으로 습관을 실천하고 성공률을 높여갈 수 있도록 돕고 있다.

지금까지 습관 조력자로서 약 3년 동안 축적한 경험과 데이터에 근거하여 선정한 키워드 3가지를 소개했다. 여러분도 인생의 키워드

3가지를 생각해보는 시간을 가지면 어떨까?

그리고 좋은 습관을 통해 변화에 성공하려고 결심했다면, 앞에서 소개한 나의 습관 성공 키워드 3가지를 적용해보길 권한다.

배터리, 죽음의 계곡, 숫자 2.

당신의 생각이, 행동이, 습관이 그리고 마침내 당신의 인생이 바뀌도록 도와줄 습관 성공 키워드가 될 것이다.

누구나 쉽게 성공하는
습관 방정식

습관 성공 방정식 풀기

중국 송나라의 한 농부가 밭을 갈고 있었다. 그런데 갑자기 숲 속에서 토끼 한 마리가 튀어나오더니, 밭을 가로질러 도망가다가 나무 그루터기에 부딪혀 죽고 말았다.

'오, 토끼를 팔면 돈이 되겠는데.'

이 광경을 옆에서 지켜보던 농부는 농사를 그만둬버렸다. 그러고는 토끼가 그루터기에 부딪혀 죽기만을 기다리고 앉아 있었다. 이 농부의 우화에서 비롯된 말인 '수주대토(守株待兔)'는 어제 일어났던 일이 오늘도 또 일어날 것이라고 기대하는 어리석음을 풍자하고 있다.

🕐 변화란 새로운 습관을 만드는 것

우리가 살고 있는 21세기는 매우 빠르게 변하고 있다. 2016년 초등학교에 입학한 어린이의 65%는 지금은 없는 새로운 직업을 가지게 될 것이라고 한다. 전문가들은 우리가 인공지능, 자율주행, 가상현실(VR) 등의 변화에 동참하지 않으면 경쟁에서 밀리고 많은 기회를 잃게 될 것이라고 전망한다. 변화는 살아 있는 모든 것들의 숙명이며, 우리는 세상이 변하는 속도에 발맞추어 변하지 않으면 살아남기 힘든 세상에 살고 있다.

『고수의 질문법』의 저자 한근태는 변화를 이렇게 정의했다.

"변화란 간절히 원하는 것을 얻기 위해 고통을 감내하며 새로운 습관을 만드는 것이다."

변화는 결국 새로운 습관을 만드는 것이다. 새로운 습관이 필요한 이유는 변화에 성공하기 위해서이다. 어제의 나와 작별을 고하고 새로운 나로 거듭나기 위한 것이다. 그럼 무엇부터 시작해야 할까?

🕐 시작이 쉬워야 한다

습관 성공 방정식을 푸는 첫 번째 단서는 '시작이 쉬워야 한다'는 것이다. '시작이 반이다'란 말은 마법과도 같은 문장이다. 역설적으로 사람들은 그만큼 시작을 힘들어한다. 시작이 힘들다 보니 남들이 세워놓은 목표를 똑같이 따라서 거창하고 그럴듯한 목표를 세워놓고는, 정작 실천은 미루는 경우가 많다.

'다음 달부터는 하루에 새로운 영어단어 100개씩 외워야지' 또는 '이번 달까지만 담배 피우고 새해부터 꼭 이놈의 담배 끊어야지'라며 말이다.

거창한 목표, 남들이 보기에 그럴듯한 목표를 세우고 SNS에 자랑하거나, 남들이 SNS에서 새로운 목표를 세우고 시작한 것을 읽고 이런 댓글을 단다.

'저도 님처럼 영어 공부해야 하는데, 내일부터 한번 시작해봐야겠어요.'

하지만 다음 날도 다른 사람의 글을 읽고 또 똑같은 댓글을 단다. 이렇듯 아무리 좋은 생각도 시작이 없다면 한낱 일장춘몽에 불과하다. 따라서 시작이 쉽도록 목표를 설정해야 한다. 그럼 시작이 반이라면, 나머지 반은 무엇일까?

🕐 나머지 반은 꾸준함이다

첫 번째 단서에서 강조했듯, 용케 시작했더라도 멈추지 않고 지속해야만 습관을 만들 수 있다. 드라마 〈미생〉에는 이런 대사가 나온다.

"인생은 끊임없는 반복, 반복에 지치지 않는 자가 성취한다."

하지만 꾸준함이라는 커다란 배에 타고 목적지로 항해를 하다가도 우리는 종종 암초를 만나게 된다. 바로 무시무시한 '인지 부조화 이론'이다.

사람들은 자신이 믿고 있는 신념과 실제 행동이 다를 때 심적으로 불편함을 느낀다. 오랜 흡연자가 굳은 다짐을 하고 '올해는 기필코 끊어야지'라고 결심했는데, 며칠 못 가서 다시 피우게 되면 담배는 백해무익하니 끊어야 한다는 신념과 다시 피우는 행동에 불일치가 발생하여 심적으로 상당히 불편한 감정을 느끼게 된다. 하지만 우리는 다시 금연에 도전하기보다는 다른 이유를 찾아내어 자기합리화를 함으로써 불편한 감정을 없애려고 한다. 습관을 실천하는 과정에서도 너무 거창한 목표를 세웠다가 지키지 못하고 자기합리화만 하며 중도 포기하는 사람들이 많다.

한 직장인이 다니는 회사에 비전이 없고 자신도 정체되는 듯해서 이직을 결심했다. 회사를 옮기려면 영어 성적이 필요하다고 생각해 '영어책 20쪽 공부하기'로 목표를 정했다. 처음 며칠 동안은 강한 의지력으로 꾸역꾸역 실천했는데, 부서 회식날 위기가 찾아왔다. 친한 동료와 늦게까지 술을 많이 마신 탓에 그날은 영어공부를 하지 않고 그냥 자버렸다. 다음 날 아침에 깨어나자 영어공부를 해야 한다는 다짐과 행동 사이의 불일치로 마음이 불편했다. 바로 이때 사람들은 대부분 행동을 바꾸지 않고 자기합리화를 시작한다.

'이 회사도 괜찮아. 다른 회사에 가면 새로운 사람과 익숙해져야 하고 업무 프로세스도 새로 배워야 하잖아. 그냥 이 직장을 좀 더 다니는 것도 나쁘진 않아'라는 식으로 마음을 바꾸는 것이다. 하지만 변화를 가져오려면 이런 자기합리화를 꺾어버리고 행동을 수정하여 인지부조화 상태를 벗어나야 한다.

요약하면, 한근태 작가가 강조한 대로 '변화는 새로운 습관을 만드는 것'이다. 그리고 새로운 습관을 쉽게 만드는 첫 번째 단서는 '시작이 쉬워야 한다'는 것이고, 두 번째 단서는 '꾸준함'이다. 이 둘을 합하면 습관 성공 방정식의 해답이 풀리게 된다.

'시작하면 50% 성공이고, 멈추지 않으면 100% 성공한다.'

습관은 의지력이 아니라 올바른 전략이다. 그래서 새로운 습관을 만들어 변화하려는 사람들에게 습관홈트는 매우 적절한 프로그램이라고 생각한다. 왜냐하면 시작이 쉽기 때문이다. 하루 10분 안에 습관 3개를 실천할 수 있을 정도로 목표를 작게 설정하고 매일의 실천 결과를 기록하고 평가하여 메타인지를 향상할 수 있기 때문이다.

습관을 실천해도
삶이 변하지 않는 이유

정체성 습관이 필요한 이유

⏰ 초기의 습관 실패 이유

시작한 지 30일이 안 된 참가자들에게 습관에 실패한 이유를 물어보면 1위가 '시간이 없어서'이고, 2위가 '까먹어서'라고 한다.

구체적인 이유는 다르지만, 결국 '시간이 없어서'라는 말은 너무 바빠서 실천할 10분을 만들 수 없다는 말일 텐데, 사실은 그렇지 않다. '다른 일보다 습관의 우선순위가 낮기 때문'이라고 해야 더 정확하다.

모임에서 과음을 해서 안 한 것도, 따지고 보면 시간이 없어서라기보다는 시간을 그 모임에 대신 사용했다고 봐야 할 것이다. 시간이 없어서 안 했다는 것은 달리 말하면 절실하지 않다는 것이다.

우리는 늘 시간이 없고 정신없다고 투덜대지만, 그런 중에도 인스타그램에 올라온 사진을 보고, 잠들기 전에 유튜브 동영상을 시청한다. 단지 습관 실천을 인스타그램이나 유튜브 시청보다 중요하게 생각하지 않는 것이다.

친구들을 만나라. 그 대신 만나기 전에 미리 습관을 실천하면 된다. 나도 과음하면 의지력을 잘 발휘할 수 없기에, 친구를 만나기 전에 팔굽혀펴기도 미리 하고 책도 읽고 글도 미리 써놓는다.

2위인 '까먹어서'는 상대적으로 이해가 가는 귀여운 변명이다. 우리의 뇌가 새로운 행동을 기억하려면 최소 21일은 걸린다. 그 전까지는 일부러 의식하고 실천하지 않으면 새로운 행동인 습관을 자동적으로 기억해내기가 쉽지 않다.

🕐 죽음의 계곡을 넘는 힘

그런데 더 심각한 습관 실패 이유는 초기가 지난 이후에 찾아온다. 시작 후 60~90일 사이에 우리 뇌는 '나는 왜 힘들고 지겨운 이 습관을 실천해야 하는가?'라고 질문한다. 여기에 답을 하지 못하면 계속할 이유를 잃어버리게 된다. 바로 '죽음의 계곡'에 빠지는 순간이다.

누구나 초반엔 열정이 뜨겁고 동기도 충만하고 열심히 한다. 하지만 핵심은 죽음의 계곡을 뛰어넘을 수 있는 준비가 되어 있는가 이다.

따라서 습관을 시작하기 전에 '무엇을 얻을 것인가?'라는 결과 보다 '나는 어떤 사람이 되고 싶은가?'라는 질문을 던지고 고민해야 한다. 『아주 작은 습관의 힘』(제임스 클리어 지음, 비즈니스북스, 2019)이라는 책에는 '죽음의 계곡'을 뛰어넘을 수 있는 유용한 팁이 알기 쉽게 설명되어 있다. 이 책에 따르면 행동 변화는 3개의 층으로 이루어져 있다.

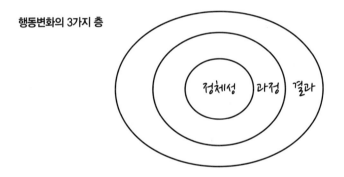

행동변화의 3가지 층

첫 번째 층은 '결과'를 변화시키는 것이다. 책을 출간하거나 체중을 10kg 뺀다거나 종자돈 1억 모으기처럼 말이다.

두 번째 층은 '과정'을 변화시키는 것이다. 즉 습관과 시스템을 변화시키는 것이다. 이 부분은 목표를 달성하기 위한 운동, 독서, 글쓰기, 정리정돈처럼 우리의 습관과 연관되어 있다.

가장 안쪽의 세 번째 층은 '정체성'을 변화시키는 것이다. 우리의 자아상, 인간관계 및 세계관에 관련된 것으로, 즉 믿음, 가치관, 신념 등에 관한 것들이다.

행동 변화의 3개 층은 모두 각각의 방식으로 중요하고 유용하다. 하지만 문제는 변화의 방향이다.

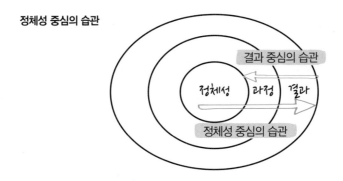

첫 번째 방향은 변화의 맨 바깥쪽인 결과부터 시작한다. 이를 '결과 중심의 습관'이라고 한다.

'날씬해지고 싶어서.'

많은 사람들이 결과 중심의 습관을 만들려고 한다. 날씬해지고 싶다는 결과(목표)를 정하고, 이 목표를 달성하기 위해 자신이 해야 할 행동만 생각한다. 하지만 이런 목표는 자신을 계속 움직이게 하는 믿음에 대해서는 생각하지 않는다.

두 번째 방향은 가장 안쪽의 정체성부터 시작한다.

'나는 어떤 가치를 중시하는가.'

정체성, 즉 나는 어떤 가치를 중시하는지, 나는 어떤 사람이 되고 싶은지에 대한 변화부터 시작하는 방향이다. 이를 '정체성 중심의 습관'이라고 한다.

정체성 중심의 습관에서 시작해야 그 행동을 오래 지속할 수 있고, 변화에 성공할 수 있다. 왜냐하면 인간은 자신에게 적합하지 않은 행동은 오래 유지하려 하지 않기 때문이다. 우리 뇌가 '그 일은 나답지 않아'라고 되뇌며 저항하기 시작하기 때문이다.

따라서 근본적인 믿음, 정체성이 변화하지 않는다면 습관을 바꾸기는 무척이나 어렵다. 곁눈질하여 남들이 세운 멋지고 거창한 목표를 카피하거나 또는 몇 시간 고민 후에 내가 당장 급하게 원하는 목표와 계획을 세웠더라도, 정체성의 변화가 없다면 공든 탑이 다시 무너지는 허무함을 경험하게 된다.

따라서 자신이 어떤 가치를 중시하는지, 어떤 사람인지, 어떤 사람이 되고 싶은지 알아야 한다. 왜냐하면 진정한 변화란 정체성의 변화에 있기 때문이다.

🕐 정체성 중심의 목표 찾기

해외영업 팀에서 근무하는 박 대리는 영어공부 습관을 시작하려고 한다. 다음 중 어느 것이 더 오래 지속될 가능성이 높을까?

· 과장으로 진급하기 위해서는 영어 점수가 필요하다. (   )
· 나는 성장하기 위해 항상 공부하는 사람이 되고 싶다. (   )

위의 문장은 결과 중심의 습관이고, 아래 문장은 정체성 중심의 습관이다. 정체성을 수립한 뒤에 영어회화 공부 습관을 만든다면 오래 지속될 수 있다.

하지만 과장 진급을 위한 영어점수가 필요해서 단기적 목표로 삼고 실천한다면 승진 발표 이후에까지 지속될 확률은 떨어질 것이다. 왜냐하면 정체성의 수립 없이 단지 승진이란 목표 때문에 한 행동은 목표가 사라지면서 그 행동을 지속할 이유도 함께 사라지기 때문이다.

나는 습관홈트를 운영하면서 정체성 변화의 중요성을 거듭 강조해왔다. 오리엔테이션에서 습관 목록을 만들 때 직업적 꿈과 개인적 꿈에 연결해야 오래 지속할 수 있다고 조언하고 있다.

그런데 실제로 해보니 70~80%의 사람들은 자신이 어떤 사람이 되고 싶은지 선명한 목표가 없었다. 출발선에서부터 막막해하는 분들도 많았다. 그래서 쉽게 접근할 수 있도록 일종의 가이드라인을 제공했다.

내가 원하는 목표를 찾는 방법

1. 종이 2장과 연필을 준비한다.

2. '연간 목표의 중요성'(122쪽)을 읽는다.

3. 첫 번째 종이에 현재 나의 모습 중 불만족스러운 행동, 부족한 점을 나타내는 문장 5개를 적는다.

4. 3번의 문장 옆에 기대되는 미래의 모습을 나타내는 문장 5개를 적는다.

5. 4번에서 선택한 5가지 문장 중에서 당장 1년 안에 하고 싶고 우선순위가 높은 한 가지 목표를 정한다.

6. 엄선한 한 가지 목표를 2번째 종이 위에 옮겨적고, 1년 동안 달성하기 위해 매일 어떤 행동을 해야 할지 3가지 핵심 행동을 적는다.

7. 연간 목표 및 습관 목록을 작성한다(114~124쪽 참조).

🕐 아들러 심리학에서 배운 것

나는 나중에 아들러 심리학을 공부한 후 이 과정에서 중요한 실수 하나를 했다는 것을 깨닫게 되었다.

꿈은 임시방편으로 쉽게 날치기로 만들어지는 공산품이 아니다. 내 정성과 노력이 스며든 수제품이어야 한다. 속성으로 만든 꿈이나 목표는 초반부터 '나는 할 수 있다. 아자, 아자!'처럼 강한 열정과 에너지가 필요하다. 그래서 의지력이 쿠크다스처럼 연약한 우리를 금세 지치게 만들어버린다. 특히 60~90일 사이의 죽음의 계곡에서 멈칫거리게 만들고, 자기합리화의 늪에 빠져 결국 포기하게 만든다.

이 늪에 빠지지 않으려면 '내가 왜 이 힘들고 지루한 습관을 계속 실천하고 있지? 옆집 아빠는 편히 잘만 사는 것 같던데'라는 자괴감이 드는 질문에 망설임 없이 바로 답할 수 있어야 한다. 그리고 그 답은 꿈과 목표가 뚜렷할 때만 가능하다.

물론 단기목표를 세우는 것도 나쁜 시작은 아니다. 거기서 출발해도 좋다. 하지만 죽음의 계곡에 다다르기 전에 1~2개월 안에 나의 진정한 꿈을 찾기 위한 고민을 한 후 연간목표를 수정하고 그에 따른 습관 목록도 바꿔야 한다. 그렇게 습관 목록을 재점검하는 과정이 반드시 필요하다.

그렇다면 어떻게 해야 우리는 자신이 어떤 사람이 되고 싶은지 알 수 있을까?

나는 어떤 사람이
되고 싶은가

정체성 습관 첫걸음

자신의 정체성을 찾는 일은 쉽지 않은 도전이다. '나다움'을 찾는 것은 삶이 우리에게 내준 커다란 숙제이며, 우리는 끊임없이 그 숙제를 풀어나가야 할 책임이 있다. 내가 진정으로 바라는 것이 무엇이고, 어떤 사람이 되고 싶은지는 어떻게 알 수 있을까?

정신의학자 알프레드 아들러는 '나다움'을 찾는 방법을 이렇게 알려준다.

"과거가 우리가 극복하려던 열등감이나 결핍감을 보여준다면, 미래는 그 에너지를 어디로 옮겨갈 것인지 방향과 관련이 있다. 그러므로 한 사람의 미래는 과거의 열등감과 결핍을 어떻게 해석하고 무엇을 실행에 옮기는가에 달려 있다."

그렇다면 열등감은 어디에서 시작되었을까? 어린 시절 초기 기억 속에 그 답이 있다.

🕐 어린 시절의 초기 기억 분석하기

아들러는 '내가 어떤 사람이 되고 싶은지' 알기 위한 여행은 어린 시절의 초기 기억을 분석하는 '나를 바로 알기'부터 시작해야 한다고 한다.

우리는 태어나면서부터 형제자매, 친척, 심지어 부모까지도 경쟁상대로 보고 비교한다. 그 과정에서 '나에게 없는 것', 또는 '내가 할 수 없는 것'을 다른 사람보다 못하다는 감정으로 받아들이게 되면서 열등감과 대면하게 된다.

하지만 인간은 자신이 약하고 부족하다는 느낌을 오래 견디지 못하기 때문에 새로운 목표를 세우게 되고, 그 목표를 달성하는 과정 속에서 초기 기억 속의 열등감을 보상받기 위해 삶의 전략을 선택하고 자주 쓰는 행동(패턴)을 발달시킨다. 그리고 성인이 된 이후에는 그 행동 패턴(생활양식 또는 성격)대로 살아가는 것이다.

그렇다 보니 우리가 해결해야 할 인생의 과제는 5개(일, 사랑, 인간관계, 자아, 영성)나 되는데, 주로 한 가지 전략으로 맞서 싸우니까 매번 넘어지는 곳에서 다시 넘어지게 되는 문제가 생긴다.

이처럼 아들러 심리학은 우리가 매번 걸려 넘어지는 삶의 난관이 어디에서 온 것인지 스스로 인지하고 성찰하도록 도와주며, 인생을 살아가는 또 다른 방향이 있다고 제시해준다. 또 왜곡된 초기 기억 속 상황, 열등감이 시작된 이유를 파악하고, 과거를 다른 사람의 눈과 귀와 가슴으로 이해하고 재해석함으로써 잃어버린 정체성을 올바르게 수립하고 새로운 신념을 세워 자아를 회복시켜준다고 설명한다. 그리고 그래야만 '나는 어떤 사람인가? 무엇을 좋아하고 무엇이 되고 싶은가? 내가 평생을 걸 만한 가치는 무엇인가?'라는 질문에 스스로 답을 할 수 있다고 강조한다.

🕐 정체성 습관의 집

어린 시절 초기 기억을 재해석하라니 생뚱맞다고 생각할 수도 있을 것이다. 내가 아들러 심리 분석 전문가 과정을 수료하면서 경험한 초기 기억 분석 및 재해석을 통해 다시 세운 사례를 읽어보면 이해하는 데 도움이 될 것이다(원래는 긴 글이었으나 책에 싣기 위해 많이 축약했다. 정체성을 찾는 데 도움이 되니 여러분도 꼭 한번 해보기 바란다).

나의 정체성 찾기 ─ 아들러의 초기 기억 재해석
기억 하나
초등학교 4학년 때의 또렷한 기억이다. 고향 시골 마을, 엄마와 나는 200년도 넘은 은행나무 밑에서 노란 은행잎을 마대에 담고 있었다. 혈액순환에 좋다는 TV 광고 덕분에 시장에 내다팔면 돈이 되었다.

그때는 내가 처음으로 친구들과 영화를 보기로 약속한 때였다. 하지만 우리 집은 너무 가난했다. 용기를 내어 돈을 달라고 하자, 엄마는 은행잎을 주워서 씻은 다음 마대에 넣으면 주겠다고 했다. 나는 신나서 일을 했다. 이윽고 모든 일이 끝나고 돈을 달라고 하자 엄마는 당황한 듯했다.

"지금은 돈이 없어. 이 은행잎을 시장에 내다팔아야 돈이 생기지."

그때 나는 원망의 말을 쏟아내며 하염없이 눈물을 흘렸다. '세상에 믿을 사람은 없구나. 내 것을 지켜내기 위해서는 남을 믿어서는 안 되겠구나.'

유일하게 나를 믿어주고 위로해주던 엄마였기에 상처가 더 컸다.

어린 시절 초기 기억의 오류

아들러는 어린 시절의 초기 기억에는 기본적인 오류가 있다고 주장한다.

우리는 때로는 불우한 상황의 경험을 맹목적으로 믿으며 순응하며 살아간다. '사람들은 나를 싫어해', '세상은 위험한 곳이야', '살아가는 것은 힘들어', '나는 능력이 없어', '성공하려면 다른 사람을 믿어서는 안 돼'처럼 잘못된 지각을 하며 살아간다. 하지만 이 모든 어린 시절 기억은 단편적이고 정확하지 않은 기억들이다. 변화에 성공하는 사람들은 이를 극복한 사람들이다.

다시 나의 어린시절 이야기로 돌아가보자. 나는 엄마가 돈을 주겠다는 약속을 지키지 않은 어린시절의 기억 탓에 '내 것을 지켜내기 위해서 모든 우선순위를 나에게 두고 성공을 하며 살아가야 한다'라는 사적 논리를 갖고 수십 년을 살아왔다.

하지만 엄마의 입장에서 이 사건을 재해석해볼 필요가 있다. 다른 사람의 눈으로 보고 귀로 듣고 마음으로 느껴야 비로소 나에 대한 깊은 이해가 가능해지기 때문이다. 왜 과거의 불행한 기억을 그릇되게 해석하고, 과거에 얽매여 괴롭게 살아가게 되었는지 다시 한번 되짚어봐야 한다.

초등학교 4학년인 내가 다시 노란 은행잎이 흐드러지게 펼쳐진 시골집 앞에 서 있다. 나는 엄마의 입장에서 생각해본다. 엄마는 왜 이리 하루도 쉬지 않고 일하고 있는 걸까? 허리도 아프고 다리도 아플 텐데 힘들다는 내색 없이 일을 하고 있을까? 엄마도 가족을 위해 항상 희생하고 있다는 생각이 불현듯 스치고 지나간다. 아들은 엄마의 말을 차분히 듣기 시작한다.

"아들, 미안해. 친구들에게 못 간다고 이야기해주렴."

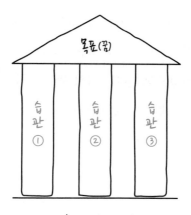

정체성(나를 바로 알기)

"엄마, 이해해요. 다음번에 돈 생기면 그때는 줘야 해요, 알았지요?"

"친구들과 한 약속을 못 지켜서 어떡하니?"

"친구들이 이해해줄 거예요."

"엄마 마음을 이해해주니 고마워."

"엄마, 커서 고생 안 하게 해줄게요."

엄마는 눈물을 흘렸고 나는 엄마의 등을 다정히 두드렸다.

"너는 충분히 잘할 수 있는 사람이야. 엄마는 네가 꼭 그렇게 될 것이라고 믿어."

어린 시절 기억하던 그릇된 장면을 재해석하고 나니 엄마의 사랑이 느껴졌고, 다른 사람과 세상을 향한 나의 가치관이 바뀌게 되었다. 새로운 자아 이미지가 만들어진 것이다. 그리고 왜곡된 사적 논리를 과감히 버리고, 나는 사랑받을 가치가 있는 사람이고 사람들은 선하며 주변 사람들과 서로 도우며 행복하게 살아간다는 새로운 가치관을 갖게 되었다.

이렇게 나의 정체성을 확인하고 나서 새로운 신념이라는 탄탄한 초석 위에 꿈과 목표를 세우고, 매일 습관을 통해 실천해나가야 오래 지속할 수 있다.

어떤 사람들이 변화에
성공하는가?

500명의 습관 데이터 분석에서 내가 배운 것

나는 500명의 습관홈트 참가자들의 데이터를 면밀하게 기록하고 분석해왔다. 다음은 1년이 넘은 기수만 별도로 취합한 데이터이다 (2019년 7월 기준). 1년이 지난 후 44%가 습관을 포기하지 않고 계속 실천하고 있다.

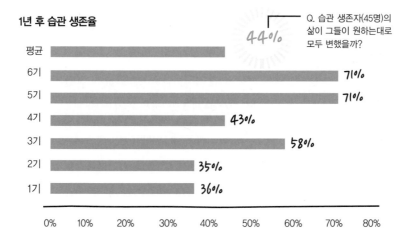

하지만 우리는 여기서 정말 중요한 질문과 대면해야만 한다. 과연 습관 생존자의 삶이 원하는 대로 모두 바뀌었을까?

그렇지 않다. 그들의 삶이 모두 성공적으로 변하지는 않았다. 왜 그럴까? 나는 데이터를 분석하며 이 부분을 고민했다.

🕐 중요한 것은 단순실천률이 아니라 성공률

당연히 1년 동안 100% 실천한 사람은 모두 삶이 성공적으로 바뀌었다. 건강해지고 마라톤을 하고 재취업을 하고 자신의 꿈을 찾았다. 하지만 실천률 80% 이하인 사람 중 변화에 성공한 사람은 단 한 명도 없었다. 결국 매일 습관을 100% 실천해야 우리 삶에도 의미 있는 변화가 찾아온다는 것이다. 그래서 습관 성공률에 대한 기준을 세우고 다음과 같이 강조하고 있다.

만약 실천률이 월 평균 90% 이하(한달에 3일 이상 습관 포기)로 하락하면 위험신호로 판단한다. 습관홈트 관리 시스템의 성공률 그래프가 검은색에서 빨간색으로 바뀐다. 어떤 문제가 있는지 확인하고 적절한 피드백을 전달해주기 위함이다. 만약 월 평균이 80% 이하(한달에 6일 이상 포기)로 하락한다면 적신호로 판단한다.

이처럼 90%든 80%든, 매일 100%에 실패하면 안 되는 이유 중 하나는 우리 뇌가 개입하는 것을 허락하기 때문이다.

우리 뇌는 새로운 행동에 강한 거부감을 나타낸다. 그런 거부감을 극복하고 겨우 새로운 행동을 받아들이기 시작했는데, 안 하는 날이 생기면 다시 강한 거부감을 보이기 시작한다. 하루이틀 안 하면 '예외'가 생겨도 괜찮다고 인식하게 된다.

'어제도 안 했는데 오늘도 할 필요 있겠어? 하루 더 쉬자.'

뇌가 우리를 계속 유혹한다. 따라서 우리 뇌가 이런 핑계를 만들지 못하게 사전에 차단하는 방법은 매일 100% 실천하는 것뿐이다. 습관을 생각날 때마다, 또는 기분이 좋을 때만 간헐적으로 실천하면, 우리가 원하는 방향대로 삶의 변화는 일어나지 않는다.

🕐 연속해서 2번은 거르지 않는다

『아주 작은 습관의 힘』의 저자 제임스 클리어는 '절대로 2번은 거르지 않는다'라는 원칙을 실천하고 있다. 즉 운동을 한 번 거를 수는 있지만 연속으로 2번은 거르지 않는 것이다. 인간은 완벽할 수는 없지만 2번째 실수는 피할 수 있다.

성공한 사람들은 비록 하루는 실천하지 못했더라도 재빨리 제자리로 돌아오는 사람들이다. 그래서 습관이 강화된 사람들은 하루의 루틴이 일상화된 사람들이다.

나도 새벽 루틴을 실천하고 있다. 새벽 3시 30분에 일어나 먼저 화장실로 들어가 양치하고 씻은 다음 물과 커피 한 잔을 마신 후 체중계에 올라가 몸무게를 확인하고, 나만의 공간인 서재로 들어가 출근 전까지 약 2시간 동안 글을 쓰고 책을 읽는다.

우리의 하루가 항상 완벽할 수는 없다. 어떤 날은 재수가 없거나 무척 바쁘거나 아이가 아파서, 또는 상사에게 억울하게 혼나 우울할 수도 있다. 그런 날에는 나도 겨우 일어난다. 그리고 10분 안에 책읽기 2쪽, 글쓰기 2줄만 하고 다시 자기도 한다.

습관을 10분만 실천하고 다시 침대에 들어가 자더라도 새벽에 일어나는 것은 가치가 있다. 그 순간 나는 쉽게 무너지지 않으며 포기하지 않고 자신과의 약속을 지키는 책임감 있는 사람이라는 정체성을 다시 확인하게 된다. 그리고 다시 평상시의 루틴으로 복귀할 수 있는 원동력을 회복할 수 있다. 루틴이 있는 사람은 쉽게 무너지지 않는다.

지금까지 정체성 중심의 습관을 실천해야 오래 지속할 수 있다고 강조했다. 무엇보다 습관을 지속하는 것뿐만 아니라 매일 100% 성공해야 변화에 성공할 수 있다고 반복해서 말했다.

그렇다면 매일 100% 습관을 실천할 수 있는 비결은 없을까? 답은 Yes다. '매일, 조금씩, 올바르게' 실천하면 된다. 습관은 더 이상 우리의 의지력에 달려 있지 않다. 습관에도 올바른 전략이 필요하다.

올바른 습관 전략을
찾아서

매일,

조금씩,

올바르게,

작은 습관의 지렛대를 만들어보자

SWAP 전략

🕐 100kg 돌덩이 & 지렛대

누구나 지금까지 한두 번은 새해 결심을 하고 좋은 습관을 만들기 위해 부단히 노력해본 경험이 있을 것이다. 하지만 대부분 작심삼일이라는 함정에 빠져서 지속하지 못했을 것이다. 왜 그럴까?

만약 100kg이 넘는 커다란 돌덩어리를 오른쪽으로 1m만큼 옮겨놓기'로 결심했다고 하자.

먼저 맨손으로 돌덩어리를 들어보려고 할 수 있다. 하지만 우리 몸보다 무거운 돌덩어리를 옮기는 것은 거의 불가능하다. 이때 우리는 '내가 실력이 부족하구나!'라고 생각하여 능력 부족이라고 자책

한다. 나도 예외는 아니었다. 하지만 이것은 잘못된 생각이다. 우리의 능력이 부족한 것이 아니라 단지 잘못된 방법을 선택한 것뿐이다.

만약 지렛대를 사용했다면 좀더 쉽게 옮길 수 있었을 것이다. '좋은 습관 만들기'도 마찬가지이다.

🕐 매일, 조금씩, 올바르게

나에게 딱 맞고 어울리는 옷이 있듯, 나에게 딱 맞는 습관은 따로 있다. 굳이 화려하고 커다란 다른 사람의 목표와 습관을 내 것인냥 따라 하는 잘못을 반복할 필요는 없다. 습관도 나에게 맞는 방법을 찾으면 쉽게 성공할 수 있으며, 그렇기에 반드시 올바른 전략이 필요하다.

습관홈트의 작은 습관 실천 전략은 '매일, 조금씩, 올바르게'이다.

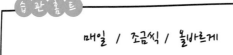

'매일'은 하루도 빠짐없이 실천하라는 의미이고, '조금씩'은 하루 10분 안에 3개를 모두 실천할 수 있을 만큼 습관 목록을 작게 설정하라는 것이다.

가장 중요한 것은 '올바르게'이다. 아무리 매일 조금씩 실천한다고 해서 모두가 목표를 달성하거나 우리가 되고자 하는 사람으로 단번에 바뀔 수는 없다. 조준하지 않고 쏘아대는 화살은 과녁을 빗나갈 수밖에 없다. 우리의 전략과 실행이 올바른 방향으로 향할 때만 원하는 목적지에 도달할 수 있다.

그렇다면 '올바르게' 실천한다는 의미는 무엇일까? 바로 Select, Write, Appraise, Payback의 S.W.A.P 기법이다. 이 방법은 500명과 함께하며 시행착오를 통해 검증된 것이며, 좋은 습관을 쉽게 만들도록 올바른 전략을 제시하는 강력한 도구이다. 각각을 자세히 살펴보자.

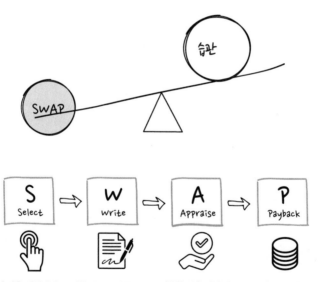

습관을 **엄선**하라   실천 결과를 **기록**하라   기록한 것을 **평가**하라   수고한 나에게 **보상**하라

2

습관을 엄선하라

선택 Select

어느 날 집에서 라면을 먹으며 인스타그램을 보고 있는데, 헬스장에서 복근을 자랑하는 남녀 사진을 보았다고 하자. 매번 그렇지는 않겠지만, 가끔은 운동 열심히 하는 다른 사람들과 자신의 현실을 비교하다가 현타(현실 자각 타임)를 경험하는 날도 있다. 그리고 운동을 해야 한다는 뇌의 인지와 라면을 먹고 있는 행동 사이의 부조화로 불편한 감정을 느낄 것이다. 이 불편한 감정을 해소하기 위해 급기야 인스타그램의 그들처럼 복근을 만들고 싶어서 헬스장에 회원으로 등록하고 운동을 시작하기로 결심한다.

우리가 옷을 입을 때 첫 단추를 잘못 꿰면 나머지 단추도 잘못 꿰어지게 된다. 습관의 첫 단추가 바로 Select(엄선)이다. 그래서 가장 중요하다. 내가 아닌 남들이 세워놓은 폼나고 멋져 보이는 습관을 무작정 따라 한다는 것은 습관 포기의 지름길로 들어서는 것과 같다.

위의 사례에서도 마찬가지로 불행하게도 생각보다 운동을 오래 지속하지 못하고 중도에 포기하게 되었다. 그 이유는 습관 목록을 선택하는 과정이 잘못되었기 때문이다. 내가 어떤 사람이 되고 싶은지 생각하여 나의 정체성과 일치하는 습관 목록을 선택해야만, 그 의미가 나의 내적동기가 되고 열정의 연료가 될 수 있다. 그래서 나에게 딱 맞는 습관 목록을 선택해야 하며, 그러기 위해서는 먼저 나라는 사람은 어떤 사람인지 이해해야 한다. 내가 어떤 가치에 우선순위를 두는지 파악한 다음에 습관 목록을 엄선해야 한다.

우리는 살면서 타인을 이해하고 공감하려고 수없이 많은 시간과 노력을 투자하지만, 정작 내 삶의 주인공인 나 자신에 대한 이해는 하지 않고 살아왔다. 내가 좋아하고 잘하는 것이 무엇인지 남들보다 더 모르는 경우도 많다. 인생의 어느 한 순간은 자신에 대해서 좀 더 깊이 있게 성찰해보고 이해하는 시간을 가져야 한다. 자신에 대한 깊이 있는 이해가 있어야 진정한 꿈을 찾을 수 있기 때문이다. 그 가슴 뛰는 꿈 옆에 날짜를 적으면 구체적인 목표가 된다. 그리고 이 목표를 매일매일의 좋은 습관으로 실천해야 목표가 현실이 된다.

이처럼 습관 목록을 엄선해야만 오래 지속할 수 있다. 그리고 시작 후 60~90일 사이의 죽음의 계곡에서 찾아오는 '내가 왜 이 힘든 습관을 하고 있지?'라는 질문에 당당히 답할 수 있다.

🕐 습관 목록 엄선하는 법

습관 목록을 엄선하는 3가지 규칙이 있다.

첫째, 하루 10분 안에 습관 3개를 할 수 있을 만큼 작게 정한다.

둘째, 나의 개인적 또는 직업적 목표와 연결시킨다. 앞에서 설명한 '정체성 중심'의 습관을 만들어야 한다. 3개 중 최소 1개는 나의 꿈에 도움을 줄 수 있는 습관으로 정해야 한다.

셋째, 수치화하여 구체적으로 작성해야 한다.

습관홈트 참가자들의 습관 목록을 유형별로 나누어보면 다음과 같다.

참가자들의 습관 목록 예시

기록습관	운동습관	공부습관	건강관리습관
· 하루 마감일기 3줄 · 감사일기 3줄 · 플래너 정리 5분 · 독서노트 2줄 · 글쓰기 2줄 · 블로그 포스팅 1개	· 팔굽혀펴기 5회 · 자전거 타기 5분 · 줄넘기 10회 · 스트레칭 5분 · 5층 이하 계단 이용	· 책 2쪽 읽기 · 경제서적 1쪽 읽기 · 영어 표현 1개 암기 · 독어 단어 1개 암기	· 비타민 2회 먹기 · 족욕 5분 하기 · 물 1리터 마시기 · 밥 반 공기 먹기 · 담배 3개비로 줄이기 · 음식 일기 2줄 쓰기

습관 목록을 엄선하는 과정

그러면 습관 목록을 엄선하는 과정을 사례를 통해 알아보자.

우선 '나는 어떤 사람이 되고 싶은가?'에 대해 충분히 고민해야
한다. 꿈을 찾는 방법은 여러 가지가 있겠지만, 내가 가장 효과를 본
방법은 알프레드 아들러의 개인 심리학이다.

아들러의 심리학을 공부하고 훈련하면서 '나는 어떤 사람이 되고
싶은가'에 대한 올바르고 효과적인 방법을 찾을 수 있었다. 앞에서
소개한 것처럼, 어린 시절의 초기 기억을 분석하여 나를 바로 알아보
는 방법도 참고하기 바란다.

아들러 심리학은 삶의 난관에서 우리가 매번 걸려 넘어지는 걸

림돌은 어디에서 온 것인지 스스로 인지하고 성찰하도록 도와주며, 인생을 살아가는 또 다른 방향이 있다고 제시해준다. 왜곡된 초기 기억 속 상황을 다른 사람의 눈과 귀와 가슴으로 이해하고 재해석함으로써 새로운 신념을 세워 자아를 회복시켜준다. 그리고 이 새로운 신념을 바탕으로 나의 사명서를 적고 공표함으로써 잃어버린 정체성을 다시 올바르게 수립할 수 있도록 한다.

그래야만 '나는 어떤 사람인가? 나는 무엇을 좋아하고 무엇이 되고 싶은가? 내가 평생을 걸 만한 가치는 무엇인가?'라는 질문에 스스로 답을 할 수 있게 된다. 또한 '나는 왜 노력해도 삶이 늘 제자리일까?'라는 절망적인 생각이 불쑥 찾아오더라도 목표를 포기하지 않고 앞으로 전진할 수 있는 힘을 얻을 수 있다.

나의 경우를 예로 들어보겠다. 나의 꿈은 습관 전문 작가가 되고, 좋은 습관은 우리 삶을 변화시킬 수 있다는 용기의 글을 계속 쓰는 것이다. 그래서 꿈을 달성하기 위해서 당장 앞으로 1년 동안 어떤 일을 할 것인지 고민했다. 그리고 연간 목표를 '습관 칼럼 100개 블로그에 포스팅하기'로 정하고 월별로 개수를 할당했다. 이처럼 월간 목표도 수립해야 한다.

연간 목표를 정하는 순서

1. 나의 꿈을 정한다.

2. 나의 직업적 꿈, 또는 개인적 꿈을 달성하기 위해 당장 1년간

무엇을 할지 정하고 수치화한다.

3. 수치화한 1년간의 목표를 개인별·월별 스케줄을 감안하여 12 개월로 배분한다.

4. 연간 목표는 변동 사항이 있을 때마다 수정하여 업데이트 한다.

살다 보면 변수가 발생할 수 있으니 연간 목표를 수시로 점검해 보고, 삶의 우선순위에 맞추어 탄력적으로 바꿀 수 있다. 단 연간 목 표가 변경되면 그에 따라서 습관목록도 함께 변경해주어야 한다.

어디 개인뿐일까? 회사도 연초에 직원들에게 MBO(Management By Objective: 목표관리)를 작성하도록 요구한다. 회사의 목표와 나라는 직원의 목표를 연결시키는 것이다. 그래야 연말에 내가 회사의 이익 에 목표 대비 얼마만큼 공헌했는지 평가하고, 그 결과에 따라 고과를 책정하고 승진도 시키고 연봉도 협상할 기준을 마련할 수 있다.

습관도 마찬가지이다. 습관과 목표를 연결시키는 개인적 삶의 MBO를 작성하는 과정을 반드시 거쳐야 한다. 그래야 나의 꿈에 대 해서도 중간평가를 할 수 있고, 잘한 점과 반성할 점을 인지하고 올 바른 방향으로 궤도를 수정해나가면서 성장할 수 있다.

이렇게 고민해서 탄생한 나의 습관 목록이 앞에서도 거듭 말한 글쓰기 2줄, 책 2쪽 읽기, 그리고 팔굽혀펴기 5회이다. 3가지 습관을 모두 실천하는 데 고작 하루 9분 5초밖에 안 걸릴 정도로 작게 수치화하여 수립했다.

🕐 습관 목록을 만들 때 유의할 점

습관 목록을 만들 때는 다음과 같은 점에 유의해야 한다.

첫째, 각 습관마다 걸리는 시간을 정하고, 3개 모두 할 때 걸리는 시간이 10분을 넘지 않도록 해야 한다.

둘째, 습관 3개를 선정한 이유(Why this habit)를 작성해야 한다. 습관 목록이 나의 꿈과 연결되는지 검토하기 위한 것이다.

셋째, 대체 습관도 미리 정해둬야 한다. 예를 들어 정해둔 습관이 팔굽혀펴기 5회인데, 농구를 하다가 다쳐 깁스를 하는 등 실천할수 없는 상황이 될 수 있다. 그럴 때는 대체 습관을 앉았다 일어나기 5회로 정하고 그것으로 대신하면 된다. 그러면 나의 뇌가 오늘도 습관에 성공했다고 판단한다.

넷째, 습관 목록을 수치화해야 한다. '글쓰기 2줄'처럼 숫자를 넣어야 결과를 객관적으로 평가할 수 있다.

'애걔~ 이게 뭐야. 고작 이렇게 작은 습관으로 뭘 할 수 있단 거지?'

어떤 사람은 우습게 생각할 수 있다. 하지만 이 하찮고 작아 보이는 습관을 3년 동안 꾸준히 실행했더니 내게는 많은 변화가 찾아왔다.

새벽 3시 30분 기상, 체중 10kg 감량, 금연 성공, 책 2권 출간, 딸과 '아이 습관 만들기' 3년 진행, 칭찬 사원 선정, 금연 홍보 영상 촬영 및 사내방송 출연, 생방송 라디오 및 공중파 방송 출연 등 무기력한 직장인이었던 때와 비교하면 큰 변화를 경험하고 있다.

과연 이 모든 변화가 내가 특별해서일까? 절대 아니다. 나는 지극히 평범한 사람이다. 나처럼 평범한 사람도 반복에 반복을 더하면 반전을 만들 수 있다.

『폰더 씨의 위대한 하루』라는 책에는 이런 말이 나온다.

"과거가 영원히 변하지 않는다는 것은 나쁜 소식이지만, 미래가 아주 다양한 모습으로 자네 손 안에 있다는 것은 좋은 소식이지."

이 글을 읽고 있는 당신도 습관을 통해 분명히 좋은 소식을 만들어낼 수 있는 무한한 잠재능력이 있음을 꼭 믿었으면 좋겠다.

3장 올바른 습관 전략을 찾아서

Tip

연간 목표의 중요성

작은 습관 목록은 최소한의 목표다

작은 습관 목록은 최소한의 목표이다. 우울하고 피곤한 날에도 나의 뇌가 '내가 오늘 습관에 성공했다'라고 판단하도록 만드는 최소한의 것이다. 달리 말하면, 컨디션이 좋은 날은 초과해서 실천해야만 연간 목표를 달성할 수 있다.

연간 목표가 왜 필요할까?

'골디락스'라는 말이 있다. 영국 전래동화 '골디락스와 3마리 곰'에서 골디락스라는 여자아이가 곰이 끓여놓은 수프를 먹다가 너무 뜨거워서 애를 먹었다는 표현에서 유래한 말이다. 너무 뜨겁거나 차가운 수프보다는 적당한 온도의 수프여야 먹기 편하다. 습관도 마찬가지다.

작은 습관도 2개월 정도 매일 반복하다 보면 싫증나기 시작하며 지루해진다. 정체되어 있다는 느낌이 강하게 오면서 며칠 안에 포기하기 시작한다. 도전의 온도가 차갑게 식어가고 있다는 반증이다.

이런 때는 차가워진 열정에 온기를 더해야 한다. 그렇다고 갑자기 목표를 상향 조정하여 너무 뜨겁게 만들면 안 된다. 달성 가능한 범위 안에서 새로운 도전적 목표를 세우고 자극해야 한다. 그래서 연간 목표를 세우는 것이다.

연간 목표 정하는 법

연간 목표는 작은 습관만 실천해도 달성 가능한 수준보다 높게 설정해야 한다. 예를 들어 책 2쪽 읽기를 365일 실천한다면 한 해에 730쪽을 읽을 수 있다. 책 한 권이 보통 280쪽 정도니 3권 정도 읽을 수 있는 분량이다. 그런데 연간 목표를 책 3권 읽기로 정하면 너무 차가운 수프인 셈이다. 연간 목표는 조금은 도전적인 목표를 세워야 한다. 12권 읽기 정도가 달성 가능한 적당한 온도의 수프라고 할 수 있다. 물론 개인마다 적당한 온도는 조금씩 다를 수 있다.

그런 다음 도전적인 연간 목표에 근거해 월간 및 주간 목표로 배분하여 관리해야 한다. 왜냐하면 먼 미래의 일은 현실감이 떨어져서 자꾸 목표를 잊어버리기 때문이다.

12권으로 정하면, 당장 이번 달에 1권을 읽어야 하니 이번 주 일요일까지 40쪽은 읽어야 한다는 주간 목표가 생긴다. 월요일에 아파서 최소한의 기준인 2쪽만 겨우 읽었다면 컨디션이 회복된 화요일에는 10쪽을 읽어서 만회하면 된다. 이처럼 주간 목표를 인지하고 있어야 하루의 건강한 긴장감이 생긴다. 그래야 내 뇌가 더 이상 '왜 이 힘든 습관을 실천하고 있지?'라는 질문을 던질 틈을 주지 않게 된다.

습관 목록을 정하기 힘든 분들을 위한 팁

나도 마흔이 훌쩍 넘어서 어떤 사람이 되고 싶은지, 어떤 가치에 우선순위를 두고 살고 싶은지를 간신히 발견할 수 있었다. 불과 3년 전의 나처럼 개인적, 직업적 꿈(목표)을 아직 찾고 있는 사람이라면 어떻게 해야 할까?

무엇이든 일단 시작하는 것이 중요하다. 왜냐하면 머릿속으로 생각만 하다가는 행동으로 옮기지 못하고 다시 예전의 게으른 일상으로 돌아갈 위험이 높기 때문이다.

세계적인 성공학자 위르겐 횔러가 말한 것처럼, 생각을 72시간 안에 실행에 옮기지 않으면 실제로 실행할 확률은 겨우 1%밖에 되지 않는다.

쉬운 방법으로, 일단 다른 사람들의 작은 습관 목록 중 3개를 선택하여 실천해도 된다. 하지만 시작을 위해서 남의 습관을 잠시 빌려 사용하는 것이므로, 3개월 안에는 반드시 자신이 원하는 꿈을 찾아서 습관 목록을 바꿔야 한다.

꿈이나 목표가 없다면 닮고 싶은 위인이나 유명 인사, 선후배, 친구, 지인들을 가만히 생각해보자. 자신의 롤모델을 떠올려봐도 좋다. 그들의 습관이 무엇인지, 성공 노하우가 무엇인지 찾아보고 따라 하는 것도 좋은 방법 중 하나이다.

돌에 새기듯
기록하라

기록 Write

2016년 2월, 나는 자기계발 모임에서 만난 11명과 습관을 실천하기 시작했다. 우리는 각자의 습관 목록을 5개씩 정해서 단톡방에 공개 선언하고 다음 날부터 본격적으로 실천하기 시작했다. 그리고 매일 단톡방에 결과를 공유했다.

그런데 무언가 허전했다. 하루이틀 정도는 누가 몇 번 성공하고

실패했는지 기억할 수 있었지만 날이 지날수록 힘들어졌다. 이렇게 소중한 데이터들을 그냥 흘려버릴 수는 없는 노릇이었다.

그래서 내가 자청하여 습관 데이터를 엑셀에 기록하고 분석하여 월간 보고서를 작성한 후 공유하기 시작했다. 어쩌면 이 월간 보고서가 나의 첫 책의 근간이 되었다고 해도 과언이 아니다. 그때 연기처럼 사라져갈 데이터를 의미 있는 보고서로 엮어내지 못했다면 아마 첫 책을 출간하지 못했을 것이다. 기록이 얼마나 중요한지 여실히 보여주는 모범 사례가 있다.

🕐 습관은 기록이다

앞에서 소개한, 2018년 5월에 습관홈트 5기에 참가했던 김은영 씨는 '오늘 먹은 음식 2줄 쓰기'라는 습관을 실천함으로써 체중 감량에 성공했다. 그것도 무려 16kg을 감량했다. 체중이 68kg이었는데 16kg을 감량하여 지금은 52kg을 유지하고 있다.

많은 사람들의 희망사항 중 하나인 다이어트에 성공한 요인은 여러 가지가 있을 것이다. 하지만 김은영 씨가 강조하는 것도 바로 '습관은 기록이다'라는 사실이다.

"제가 사진으로 기록을 남기지 않았다면 누구에게 이야기하겠어요. 사진으로 변화된 모습을 보면서 큰 동기부여가 되었어요. 기록은 단순히 종이에 적는 것뿐만이 아니에요. 요즘엔 영상기술과 SNS 활

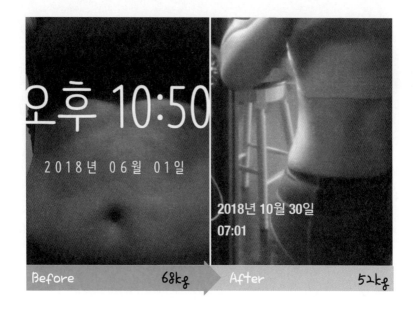

오후 10:50

2018년 06월 01일

2018년 10월 30일
07:01

Before   68kg   After   52kg

동으로 아주 넓은 의미의 기록들이 있어요."

　다음 쪽의 표는 그녀가 1년 넘게 기록한 결과물이다. 시각적으로 그간의 기록이 한눈에 들어온다.

🕐 주간 리포트 작성법

　습관홈트 참가자들은 매일 실천 결과를 기록한다. 습관 3가지 중 어떤 것을 했는지 또는 안 했는지, 안 했을 경우 그 이유는 무엇인지 꼼꼼히 기록한다(실패 이유를 적지 않으면 저장이 안 된다. 가장 많은 실패 이유를 우리는 '습관 실패 최대의 적'이라고 부른다.)

시스템은 어떤 이유로 습관에 실패했는지 고스란히 시각화하여 보여준다. 우리는 이렇게 실패 원인을 인지함으로써 이를 극복하기 위한 방법을 의식적으로 고민하고, 주간 리포트를 작성하며 구체화한다.

김은영 씨의 1년간
습관 성공 기록표

주간 리포트에는 시스템 화면을 캡처하여 나의 습관 성공률, 습관 실패 최대의 적을 붙여 넣고, 일주일 동안 잘한 점, 반성할 점, 개선할 점, 새로운 다짐을 적는다.

만약 회식으로 인한 과음으로 습관을 실행하지 않았다면 '회식으로 인한 과음'이라고 구체적으로 입력하고 '회식 참석 전에 미리 실천하자'나 '술을 5잔 이하로 마시자' 등의 개선방법을 기록하고 시도하면서 성공률을 조금씩 높여나갈 수 있다.

매일 나의 기록이 구체적으로 누적되면 생각과 행동에 변화가 생기는 초석을 마련하게 된다. 그리고 변화된 행동이 쌓이면 그때 삶도 함께 변화하기 시작한다. 그 시작은 매일매일의 작은 기록에서 비롯되는 것이다.

우리의 기억은 시간이 지날수록 변형되고 흐릿해진다. 연기처럼 사라져가는 기억을 붙잡아둘 수 있는 방법은 오직 기록이다. 그 기록들이 누적되어 서로 연결될 때 우리에게 의미 있는 지표를 만들어준다.

『밥장, 몰스킨에 쓰고 그리다』라는 책에서 저자인 일러스트레이터 밥장은 이렇게 강조했다.

"기록의 진짜 매력은 잊지 않는 데 있는 게 아니다. 기록해두면 마치 땅 밑에 묻힌 원유처럼 시간이 흐를수록 가치 있는 무언가로 바뀐다. 적을 때는 별것 아닐지 몰라도 1년, 10년, 30년이 지나면 전혀 다른 이야기가 된다."

4

뭐든 열심히 하면
되는 줄 알았다

평가 및 피드백 Appraise

🕐 목적의식 있는 연습

나는 고등학교 시절에 정말 열심히 공부했다. 수업시간은 물론이고 쉬는 시간, 점심시간에도 공부했고 새벽 3시까지 하는 날도 많았다. 고향에서 농사를 지으며 뒷바라지하는 부모님을 실망시키지 않기 위해서였다. 하지만 성적은 오르지 않고 늘 제자리걸음이었다. 왜 그랬을까?

안데르스 에릭슨은 『1만 시간의 재발견』이라는 책에서 내 질문에 답이 될 만한 의미 있는 주장을 했다.

"'목적의식 있는 연습'은 우리가 '단순한 연습'이라고 부르는 것과 구별되는 몇 가지 특징이 있다."

'목적의식 있는 연습'과 '단순한 연습'의 차이를 알아야 한다. 공부를 백날 하면 뭐하는가, 방법이 잘못되었는데. 그래서 피드백이 필요하다. 그렇다. 목적의식 있는 연습에는 반드시 피드백이 필요하다.

피드백의 힘

나는 수년간 고리타분한 공부 습관을 답습했다. 어리석게도, 성적이 오르지 않는 이유는 열심히 하지 않았기 때문이라고 자책하면서 공부시간을 늘리는 데 급급했다. 가장 근본적인 문제는 공부의 양이 아니라 공부방법이었는데도 말이다.

올바른 공부방법을 찾으려면 먼저 선생님이나 지도자, 멘토, 또는 전문가의 피드백을 통해 내가 무엇을 잘하고 있고, 무엇이 부족한지 파악해야 한다. 무엇을 잘하는지, 부족한지만 알아도 우리는 좀 더 성장할 수 있다. 다행인 것은 우리 주변에는 선생님이 많이 있다는 사실이다.

논어에는 "세 사람이 길을 가면 그 가운데 반드시 스승이 될 만한 사람이 있다(三人行必有我師)"라는 말이 있다. 우리 주위에도 피드백을 해줄 스승이 많이 있다. 그래서 혼자보다는 함께 습관을 실천하면 성공할 확률이 높아진다.

어제의 나를 벗어던지고 새롭게 변화하고자 하는 사람은 변화에 관심 있는 사람들과 함께할 때 성공 가능성이 높아진다. 그들 속에서 올바른 피드백을 받을 수 있기 때문이다.

그런데 피드백도 기록이 있어야 할 수 있다. 데이터가 있어야 잘하고 있는지, 무엇을 잘못하고 있는지 올바른 피드백을 줄 수 있다. 또 명확한 근거가 뒷받침되어야 당사자도 그 피드백에 납득할 수 있다. 거부감만 불러일으키는 강제적 피드백은 자칫 독이 될 수 있으며, 피드백이 아니라 잔소리라고 받아들이게 된다. 따라서 객관적인 기록은 피드백의 필수 전제 조건이다.

내가 고등학교 시절 단순 무식하게 그저 열심히 반복적으로 공부만 한 것처럼, 여러분도 스스로를 다그치고 있지는 않은가?

단순한 연습만으로는 성장할 수 없다. 목적의식 있는 연습이 꼭 필요하다. 습관홈트 참가자들은 자신의 직업적 또는 개인적 목표를 달성하도록 도와줄 수 있는 핵심 습관 3개를 엄선하여 하루 10분 안에 실천하고, 매일 실천 결과를 기록한다.

그리고 서로 피드백을 주고받으며 '목적의식 있는 연습'을 통해 어제보다 한 뼘 더 성장하고 있다.

지루한 습관,
즐겁게 지속할 수는 없을까?

보상 Payback

'아! 지겨워. 이런다고 뭐가 달라지겠어?'

습관을 실천한 경험이 있는 사람이라면 누구나 한 번쯤은 경험 해보았을, 뇌가 우리를 유혹하는 흔한 질문이다.

습관으로 만들고자 새로운 행동을 끊임없이 반복하는 것은 당연 히 지루한 과정이다. 설상가상으로 크고 작은 장애물들이 우리가 중 도에 포기하도록 호시탐탐 유혹한다. 그런 유혹은 너무나 강렬하고 달콤하기에 우리는 매번 그 포로가 되는 것을 반복한다.

나는 유혹의 각 단계에 '게이트(관문)'라고 이름을 붙였다. 습관을 시작한 지 3일, 21일, 66일, 그리고 90일이 바로 대표적인 4가지 게이트이다.

습관의 4가지 게이트

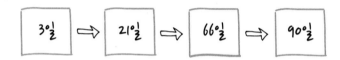

처음 3일은 작심삼일의 유혹을 넘어가는 시간이며, 21일은 뇌가 습관을 인식하는 데 필요한 시간이다. 66일은 몸이 습관을 기억하는 데 필요한 시간이고, 90일은 죽음의 계곡을 넘어서는 데 필요한 최소한의 시간이다.

이처럼 습관을 통한 변화에는 오랜 시간이 걸린다. 하지만 우리는 조급함에 사로잡혀, 노력한 것에 비해 원하는 성과를 빨리 얻고자 안달한다. 그러다가 금세 포기하고 또 다른 계획을 세우기도 한다. 그러나 새로운 목표도 성과가 금방 나타나지 않으니, 오래가지 않아 포기하거나 또 다른 목표를 기웃거리는 악순환을 반복한다. 이 악순환의 고리를 끊어내기 위해서 반드시 필요한 것이 바로 '보상'이다.

보상에는 내적 보상과 외적 보상이 있다. 내적 보상은 우리가 스스로 만족감을 느끼는 것이다. 하루의 습관을 완수했을 때 성취감을 느끼는 경우가 이에 해당한다.

'아, 내가 오늘도 나와의 약속을 지켰구나.'

'내가 원하는 사람으로 오늘도 성장하고 있구나.'

반면 외적 보상은 스스로, 또는 타인으로부터 받는 금전적 보상이나 칭찬이다. 예를 들어 어른의 경우 습관에 성공하면 매일 1,000원씩 자기 통장에 이체를 시키거나, 한 달 성공률이 90%가 넘으면 평소 갖고 싶었던 선물을 자신에게 하는 것도 외적 보상이 될 수 있다.

아이의 경우 부모가 초기에 약속하고 하루나 일주일마다 습관을 잘 지켰을 경우 소정의 금액을 보상으로 줄 수 있다. 아이들은 인정

을 먹고 자라는 생명체다. 그리고 아이를 인정하는 최고의 방법은 부모의 칭찬이다. 아이들 입장에서 '어? 이게 이렇게 칭찬받을 만한 일인가?' 할 정도로 최고의 칭찬을 해주어야 한다.

🕐 나에게 주는 보상

보상의 또 다른 이름은 '행복'이라고 생각한다. 내가 언제 행복하다고 느끼는지 생각해보고, 그 행복감을 느낄 수 있는 보상을 하면 된다. 습관 실천 초기에 나는 보상으로 읽고 싶었던 책을 다량 구매하거나, 아내와 영화를 보거나 비싼 외식을 하거나 마사지를 받으며 뭉친 피로를 풀기도 했다.

하지만 90일이란 마지막 게이트를 통과하고 나니 굳이 정기적인 외적 보상이 없어도 지속할 원동력이 생겨났다. 내적 보상인 성취감이 외적 보상이 주는 기쁨보다 더 커졌기 때문이다.

🕐 다른 사람들은 어떤 보상을 할까?

그림책 작가가 꿈인 대학생 이다빈 씨는 독서 2쪽, 드로잉 1장, 발레 동작 2회의 작은 습관을 실천하고 있다.

"초기에는 성공률이 95%를 넘었을 경우, 장바구니에 넣어두었던 책을 한꺼번에 사서 내게 선물했어요. 2주에 한 번 정도였죠. 월말에 성공률이 높으면 전시장 판매대에서 평소라면 잘 안 샀을 물건을 사기도 했죠."

이다빈 씨는 지금은 기간을 정해 눈에 보이는 보상을 하지는 않는다. 이제는 속으로 자신을 칭찬하는 것으로 충분하다고 느끼기 때문이다.

습관홈트 10기 참가자이자 작가와 유튜버가 꿈인 프리랜서 한은진 씨는 '아이들과 아침에 독서 1쪽 하기, 유튜브 강의 1개 듣기, 아이돌 댄스 다이어트 1곡 추기'를 하고 있다.

보상방법으로는 1년에 한 번 좋아하는 가수의 콘서트에 가기로 정했고, 최근에 다녀왔다. 작게는 카페에서 자몽차나 녹차 프라푸치노를 마시며 책을 읽고 여유 있게 시간 보내기, 찜해둔 옷이나 책 구매 등 소소한 보상을 통해 힘을 내고 있다.

🕐 금전적 보상에서 주의할 점

자녀들에게 좋은 습관을 만들어줄 때도 보상은 아주 중요하다. 내 딸아이는 3년 넘게 습관을 실천하고 있는데, 당연히 초기에는 포기할 정도의 큰 고비도 있었다. 처음 4주 동안은 여름방학이어서 자유시간이 많으니 잘했지만, 개학과 동시에 피곤했는지 이틀이나 실천하지 않았다. 호기심으로 시작한 후 초반 흥미와 열정이 조금씩 식어가고 있었던 것이다. 특단의 조치가 필요한 시점이었지만 뾰족한 아이디어가 생각나지 않았다.

하루는 백화점 쇼핑을 하던 중 아이가 분홍색 운동화에 시선을 빼앗겼고 생일선물로 사달라고 졸라대기 시작했다.

"저 운동화를 갖고 싶구나? 너무 비싸니 돈을 모아서 사면 어떨까?"

딸이 호기심 반 투덜거림 반이 섞인 목소리로 말했다.

"돈을 어떻게 모아요?"

매주 6개의 습관을 성공할 경우 6천 원을 주겠다고 했다. 딸은 분홍색 운동화라는 물질적 보상을 얻기 위해 매주 포기하지 않고 열심히 실천했다.

집안일을 하거나 자기 방을 청소했을 때 용돈이나 칭찬 스티커를 주면 어려서부터 돈이 공짜가 아니라 땀의 대가라는 것을 알게 되고, 경제적 관념뿐만 아니라 성취감도 동시에 배울 수 있다.

하지만 금전적 보상을 제공할 경우에는 주의할 점이 있다. 아이가 원하는 물건을 손에 넣은 뒤 새로운 물건에 대한 욕심이 없다면 외적 보상의 효과가 사라질 수 있다. 따라서 동시에 내적 보상을 경험하도록 도와주어야 한다. 아이의 습관에 규칙적으로 관심을 갖고 확인하며 칭찬과 피드백을 해야 한다. 보상의 편식에서 벗어나 외적 보상과 내적 보상이 적절히 균형을 이루도록 해야 한다.

닉네임 수 님은 초등학생인 딸에게 용돈 500원을 보상으로 주겠다고 하고, 조금은 강제적으로 습관 만들기를 시작했다. 하지만 2

주차에 아이의 반격이 시작되었다.

"주말에 쉬고 싶은데 이걸 꼭 해야 해요?"

이때 엄마는 이렇게 말했다.

"영어 한 문장 말하기 10초, 수학 3문제 풀기 1분 30초, 방 정리는 잠들기 전에 잠깐 하는 거잖아. 3가지 습관을 모두 하는 데 2분도 걸리지 않으니 조금만 더 해보자."

그런데 3주차부터는 딸이 용돈 500원에 더 이상 집착하지 않기 시작했다. 보상 때문에 습관을 실천하는 것이 아니라 생각의 변화가 일어났다. 4주차에 접어들자 많은 변화가 시작되었다.

"힘들다는 생각이 들지만 습관이 들여지는 것 같아요. 작은 습관을 실천하면서 다른 사람이 된 것 같아요. 방 정리만 하려고 했는데 가방까지 정리하고 책상 위에 낙서까지 지웠어요~."

그렇게 작은 습관이 다른 좋은 습관을 가져오기 시작했다. 다만 수님은 지금도 용돈 500원을 주고 있는데, 금전적 보상으로 아이의 마음을 움직이는 것은 아닌지 걱정하고 있었다. 그래서 다음과 같이 조언했다.

"외적 보상과 성취감, 자존감 등 내적 보상이 조화를 이루어야 좋죠. 그런데 처음부터 아이가 내적 보상이 충만해져서 습관을 시작할 수는 없어요. 그래서 부모님의 역할이 중요하고 외적 보상도 필요해요. 제 딸도 매일 습관 1개를 실천하면 1,000원이 적립되고, 일주일 동안 모두 하면 일요일에 6,000원을 보상으로 줘요. 만약 하나라도 안 하면 안 주죠.

아이도 『12살에 부자가 된 키라』라는 책을 읽고 나서는 경제관념이 생겨서 힘들게 모은 돈을 함부로 쓰지 않아요. 대부분 저축하거나 가족이나 친구의 생일선물을 사는 데 사용해요. 결국 돈을 주고 안주고의 문제가 아니라, 아이가 돈을 어떻게 벌고 어떻게 써야 하는지를 배울 수 있는 또 다른 기회라고 생각해요. 그러니 너무 민감할 필요는 없을 거예요."

적절한 보상은 이처럼 지연된 만족을 즉각적인 만족으로 전환시켜 고갈되어가는 동기와 열정을 유지하는 데 도움을 준다. 다만 너무 큰 보상은 지양해야 한다. 보상이 커지면 더 큰 보상이 주어질 때에만 행동할 동기가 생기기 때문이다.

🕐 크레스피 효과

1942년 미국의 심리학자 레오 크레스피는 일의 수행 능률을 올리는 당근과 채찍이 효과를 내려면 보상이나 벌의 강도가 점점 더 강해져야 한다는 것을 실험으로 입증했다. 이를 '크레스피 효과'라고 한다.

커다란 보상은 즉각적인 행동을 이끌어낼 수 있지만, 자신의 행동에 책임을 지고 그 행동에 헌신하는 데는 큰 도움이 되지 않는다. 반면 작은 보상은 보상 금액 자체보다 과정에 대한 성취감에 초점이 맞춰지므로 욕심이 비집고 들어갈 틈이 작다. 보상이란 대가보다는 올바르고 바람직하기 때문에 그 행동을 했다고 믿게 할 가능성이 크다.

목표는 까마득히 멀어서 보이지도 않고 손에 잡히지도 않는 경우가 태반이다. 그래서 성공의 이정표를 길목들에 표시해두고, 하나하나 지나칠 때마다 적절한 보상을 해야 포기하지 않고 목적지에 도달할 수 있다.

보상은 습관이라는 긴 여행길에서 지치고 배고플 때 마시는 물이며 에너지이다. 보상으로 행복해질 때 그만큼 삶의 변화도 가까워진다. 그러니 더 자주 노력하는 나를 칭찬해주자. 보상이란 행복을 스스로에게 자주 선물하면서 노력하다 보면 어느덧 목표가 우리 코앞에 모습을 드러낼 것이다.

4장

우리는 왜 매번 같은 곳에서 넘어질까?

"우리는 공을 보고 무서워서
도망간다고 생각하지만,
사실은 도망가기 때문에
두려움을 느끼는 것이다."

– 윌리엄 제임스

'넌 누구니?'라고
인생이 물어올 때

요즘 대학생들은 대2병을 앓고 있다고 한다. 대학 2학년이 되면 몇 가지 변화가 찾아온다. 이제 본격적으로 전공과목이 수업을 차지하고 슬슬 취업 압박도 경험하기 시작한다. 3학년부터 취업 준비를 하면 늦는다는 말에 이것저것 준비하지만 뒤처지는 것 같아 불안하다. 이런 불안하고 막막한 감정들이 쌓여 생기는 무기력감이 바로 대2병이라고 한다. 선후배, 친구들 할 것 없이 스펙을 쌓고 열심히 공부하는 모습을 보면서 '난 지금 뭐 하고 있는 거지?', '난 도대체 누구지?'라는 현타(현실 자각 타임)를 경험하며 걱정이 시작되는 것이다.

현타는 대학생들에게만 찾아오는 증상은 아니다. 어렵게 취업에 성공했는데도 입사 1년도 안 되어 퇴사를 하는 경우도 많다고 한다. 퇴사 이유는 적성에 안 맞는 직무, 연봉 불만, 상사와의 갈등, 잦은 야근, 기업문화 부적응 등으로 다양하다. 20대, 30대 초반에 험난한 취업난을 뚫고 입사는 했지만 직무나 근무조건, 조직생활과 인간관계가 힘들어 조기 퇴사 및 이직을 결심하고 퇴준생(퇴사를 준비하는 사람이란 뜻의 신조어)의 길을 걷는다.

그렇다면 30대 중후반, 40대는 어떤가? 100세 시대에 인생 2모작을 어떻게 준비해야 할지 고민을 시작한다.

현타는 이처럼 인생 곳곳에 잠복해 있다가 우리를 깜짝 놀라게 하는 재주가 있다. 그리고 우리는 그 앞에서 대책 없이 방황하며, 심하면 무기력감에 빠지거나 우울증에 걸리기도 한다. 우리가 이를 극복할 수 있는 방법은 없을까?

옆 쪽의 사진을 보자. 중년 남자가 나체로 앉아 있고 주변 사람들이 놀란 눈으로 그를 쳐다보고 있다. 안경회사가 제작한 코믹 광고의 한 장면이다.

그는 왜 나체로 주방에 나타났을까? 그는 옷을 벗고 사우나 입구를 찾고 있었다. 요리하느라 하얀 연기가 가득찼던 옆의 주방을 사우나 입구로 착각하고, 들어와서 사우나를 즐기려고 주방기기 위에 걸터앉았다. 이윽고 주방의 하얀 연기가 점점 걷히자 주방 직원들과 이 가엾은 중년 남자는 서로의 존재를 확인하게 된다. 그의 목적은 사우나였지만 주방 직원들 눈에는 그가 노출증 환자처럼 보일 수밖에

주방을 사우나로 착각한 중년 남자 (출처: https://www.youtube.com/watch?v=qDwK_AUk0FI)

없다.

개인 심리학은 드러난 증상에 초점을 맞추지 않는다. 이를테면 중년 남자가 선택한 행동(주방에서 나체로 앉아 있는 장면)이 아니라, 그 행동으로 무엇을 얻고자 했는지 그의 목표(사우나 즐기기)에 초점을 맞춘다. 목표를 정상화해야만 습관과 태도를 고칠 수 있으며, 새롭게 목표를 정립하면 자연스럽게 나쁜 습관과 잘못된 태도를 버릴 수 있게 된다고 한다.

그렇다면 이 가엾은 중년 남자는 어떻게 목표를 정상화할 수 있을까?

그의 목표는 '올바른 장소에서 사우나 즐기기'일 것이다. 이 광고

주는 그렇게 하려면 안경을 사야 한다고 광고하지만, 더 근본적인 정상화된 목표는 '시력의 회복'이다. 그래야 김이 모락모락 피어오르는 주방과 사우나 출입구를 안경의 도움 없이도 명확히 구분해내고 목표인 '올바른 장소에서 사우나 하기'를 즐길 수 있을 것이다.

우리는 대부분 목표를 정상화하는 데 서툴다. 내가 좋아하고 잘하는 목표를 고민하며 찾기보다는 좀 더 쉬운 방법을 선택한다. 남들이 세운 목표를 내 것인 양 복사한다. 그러나 내 몸에 맞지 않으니 결국은 불편할 수밖에 없고, 얼마 지나지 않아 맞지 않는 그 옷을 벗어던지고, 또 다른 사람이 입고 있는 옷을 찾아 쇼핑하기 시작한다.

내가 우연히 알게 된 한 사람은 이렇게 푸념했다.

"저는 무언가 열심히 하지 않는 자신의 모습을 견디기 힘들어 했어요. 그래서 20대부터 시간을 관리하고 돈도 아껴 쓰며 살았죠. 하지만 인생이 크게 바뀐 것이 없어요."

그는 새로운 목표를 세우고 열심히 노력하다가 성과가 나타나지 않으면 다시 새로운 목표로 갈아탔다. 마치 물건을 사듯 목표를 쇼핑하고 있었던 것이다. 이 목표가 좋아 보이면 그것을 목표로 했다가, 저 목표가 좋아 보이면 다시 새로운 목표를 세웠다. 그러다 보니 열심히 살았는데도 삶은 늘 제자리였다. 그는 살면서 다음과 같은 질문을 수도 없이 했다.

'열심히 살고 있는 것 같은데, 왜 내 인생은 바뀌는 것이 없지?'

하지만 그는 목표를 정상화하기보다는 제2, 제3의 목표를 만들어 그 허무함을 채우려 했다. 그가 놓친 것이 바로 '나에 대한 올바른 이해'이다. 나는 어떤 사람이고 무엇을 좋아하고 어떤 가치를 중요하게 생각하는지부터 고민해야 한다. 충분한 고민 없이 다른 사람의 근사한 목표를 그대로 가져와 자신의 목표로 삼다 보니 어울리지 않는 옷을 입고 살아온 것이다.

나에게 딱 맞는 옷은 따로 있다. 나에게 맞는 옷을 입기 위해서는 팔길이, 목둘레, 허리둘레 등 내 몸의 치수를 정확히 알아야 한다. 물론 그 과정은 지루하고 번거로울 수 있다. 그래서 우리는 간혹 그 과정을 건너뛰고 쇼윈도의 마네킹이 입고 있는 옷을 성급히 구매하여 입고 다니고 싶은 것이다.

그렇다면 우리는 어떻게 스스로의 목표를 정상화할 수 있을까?

그 방법은 바로 나 자신을 정확히 파악하는 것이다. 알프레드 아들러는 다음과 같이 조언한다.

"과거가 우리가 극복하려던 열등감이나 결핍감을 보여준다면, 미래는 어디로 그 에너지를 옮겨갈 것인지 방향과 관련이 있다. 그러므로 한 사람의 미래는 그가 과거의 열등감과 결핍을 어떻게 해석하고 무엇을 실행에 옮기는가에 달려 있다."

| 미래 | 무엇을 실행에 옮길 것인가. |
| 과거 | 과거의 열등감과 결핍을 어떻게 해석할 것인가. |

자신을 정확히 파악하고, 과거를 재해석하여 열등감에서 벗어나는 것이 중요하다. 자신을 정확히 알게 되면 자기에게 맞는 목표와 꿈이 무엇인지 점차 또렷해질 것이다. 그리고 미래를 향해 작은 습관부터 하나씩 실행에 옮기다 보면 조금씩 나아갈 수 있다.

습관의 완성

우리가 새벽 기상에
실패하는 이유

여느 평일 저녁처럼, 나는 작은딸을 재우려고 밤 11시에 침대에 함께 누웠다. 늘 그렇듯 30분 정도 잠을 안 자려는 딸과 실랑이를 하다가 나도 모르게 스르르 잠이 들어버렸다. 딸을 재우고 나서 책을 읽으려던 계획이 틀어지는 순간이었다.

그러다 새벽에 갑자기 잠이 깼다. 시계를 보니 새벽 2시가 조금 넘어 있었다. 늦잠을 자버려 출근시간을 놓친 직장인처럼 침대 이불을 박차고 일어났다. 일어나자마자 양치질을 하고 세수를 한 뒤 책상에 앉아 글을 써 내려갔다.

도대체 그 이른 새벽에 용수철처럼 나를 벌떡 일어나게 만든 동력은 무엇이었을까?

나는 평상시에 혼자만의 시간이 부족했다. 혼자만의 시간 속에서 책도 읽고 생각도 정리하고 글을 쓰는 행복감을 느끼고 싶었지만 좀처럼 쉽지 않았다. 직장인이며 아빠이자 남편이고 아들로서 다양한 일상의 배역을 소화해야 하기 때문에 시간이 부족한 것은 어쩌면 당연하다. 그래서 찾아낸 방법이 새벽 기상이다.

요즘엔 3시 30분에 기상하여 아무도 침범하지 않는 나만을 위한 시간을 만들려고 노력하고 있다. 이런 나의 무의식적인 갈망을 몸이 기억하고 있기에 그 새벽에 벌떡 일어나게 된 것 같다.

결국 새벽 기상에 성공할 수 있는 가장 근본적인 원동력은 바로 이른 기상이라는 미션 수행이 아니라, 새벽에 일어나서 나를 흥분시키는 일(Task)을 하며 내 꿈의 밭을 경작한다는 성취감에 달려 있다. 힘들게 일어나서 책상에 앉았지만 '오늘은 무얼 하지?' 하면서 고민하다가 인터넷 서핑이나 유튜브 시청으로 끝난다면 무슨 소용이 있을까?

따라서 새벽에 일찍 일어나야 하는 강력한 이유가 있어야 한다. 가슴 뛰게 만들어주는 목표가 있어야 그 의미가 사라지지 않아, 새벽 기상을 지속할 수 있다.

나도 처음부터 새벽 기상에 성공하지는 못했다. 회식 때문에 과음하거나, 아이들이 잠을 안 자고 우는 날은 늦게 자는 바람에 알람 소리를 못 듣고 계속 자는 경우가 많았다. 그런 날은 그나마 양심의 가책을 느끼는 시간이 길지는 않았다.

나를 더 심하게 괴롭힌 경우는 새벽에 알람 소리를 듣고도 새벽 기상에 실패한 날이었다. '어서 일어나야지 뭐하고 있어?'라고 다그치는 마음과, '오늘은 피곤하니 그냥 자자'라는 달콤한 유혹이 서로 줄다리기를 하는 날에는 여지없이 실패하곤 했다.

🕐 활성화 에너지

그런데 왜 몸이 피곤하고 스트레스 받은 날에는 '오늘만 그냥 좀 더 자자'는 뇌의 유혹을 뿌리치지 못하고 늦잠을 자게 되는 걸까? 멜 로빈스의 『5초의 법칙』을 읽어보면 커다란 두 가지 이유를 찾을 수 있다.

하나는 변화에 필요한 초기의 힘인 '활성화 에너지'는 그 운동을 유지하는 데 필요한 평균 에너지보다 훨씬 많은 양이 필요하기 때문이라는 것이다. 즉 최초 화학반응을 일으키는 데 필요한 활성화 에너지는 그 화학반응을 계속 유지하는 데 필요한 평균 에너지보다 훨씬 커야 한다.

달리 말해, 새벽에 기상하는 데 드는 활성화 에너지는 기상 이후의 활동, 즉 독서나 신문 읽기보다 더 많은 양의 에너지가 필요하다. 그래서 우리가 새벽에 일어나기 힘들었던 것이다.

다른 하나는 우리가 감정에 지배당하고 있기 때문이다. 미국의 신경학자 안토니오 다마지오에 따르면 95%의 사람들은 감정에 따라서 결정을 내린다. 예를 들어 직장인들의 최대 고민거리 중 하나를 보자.

- 오늘 점심으로 뭐 먹을까? (X)
- 오늘은 뭐 먹고 싶은 기분일까? (O)

"오늘 점심으로 뭐 먹을까?"란 질문은 실제로는 생각을 묻는 것이 아니라 감정을 묻는 것이라고 한다. 즉, 기분을 묻는 것이다. 그 기분에 따라서 점심 메뉴를 선택하게 된다는 의미이다.

나도 마찬가지였다. 생각을 묻는 것인 줄 알았는데 기분을 묻는 것이었다.

- 오늘은 정말 피곤한데 새벽에 일어나야 할까. (X)
- 오늘은 정말 피곤한데 새벽에 일어나고 싶은 기분일까. (O)

그렇다면 어떻게 해야 새벽 기상에 성공할 확률을 높일 수 있을까?

🕐 변명에서 관심 돌리기

하나는 활성화 에너지와 관련이 있다. 『5초의 법칙』의 저자인 멜로빈스는 다음과 같이 조언한다.

"목표를 향해 행동하고 싶은 본능이 생기는 순간 5, 4, 3, 2, 1 하고 숫자를 거꾸로 세고 몸을 움직여야 한다. 그렇지 않으면 머릿속에서 방해할 것이다."

숫자를 5부터 1까지 거꾸로 세는 일은 변화에 필요한 강력한 초기 에너지를 만드는 준비과정이다. 이렇게 숫자를 세는 동안 우리의 뇌는 변명 찾기에서 관심을 돌려 새로운 방향으로 움직이는 데 집중하도록 도와준다.

🕐 행동 우선 전략

또 다른 방법은 감정에 지배당하지 않기 위해서 '행동 우선 전략'을 사용하는 것이다. 일단 행동을 시작하면 우리의 감정도 어느새 바뀔 수 있기 때문이다.

1884년 미국의 심리학자 윌리엄 제임스는 「감정이란 무엇인가」라는 논문에서 이렇게 주장했다.

"우리는 곰을 보고 무서워서 도망간다고 생각하지만, 사실은 도망가기 때문에 두려움을 느끼는 것이다."

비슷한 시기에 덴마크의 심리학자 랑게도 같은 학설을 주장했다.

"울고 있기 때문에 슬픔을 느낀다."

제임스-랑게 이론의 요지는 '실행이 우선'이라는 것이다. 따라서 어떤 행동을 하면 감정도 그에 따라 변한다. '기분이 좋아서 미소 짓는 것이 아니라 미소를 지으면 기분이 좋아진다'라는 말도 있듯이 말이다.

또한 같은 만화를 보고도 볼펜을 코와 윗입술 사이에 물게 한 그룹(얼굴을 찡그리는 모양)보다 위아래 어금니에 물게 한 그룹(웃는 모양)이 더 재미있었다고 긍정적인 평가를 했다(안면 피드백 가설).

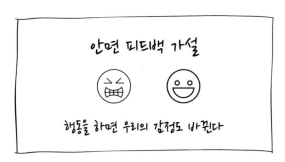

나도 비슷한 경험이 있다. 직장 상사에게 질책을 당한 날은 감정이 엉망이고 우울해서 팔굽혀펴기를 하고 싶은 마음이 통 생기지 않았다. 심지어 1개를 할 힘도 의욕도 없었다.

그런데 막상 하나를 하고 나면 달라진다. 뇌는 관성의 법칙을 따르기 때문에 일단 1개를 하고 나면 2개를 하게 되고, 10개를 하고, 20개까지 하게 되는 경험을 종종 하게 된다. 관성의 법칙이란 우리 뇌가 하던 일을 계속하려는 경향을 말한다. 뇌가 1개를 하고 멈추는 에너지나, 1개를 더 하는 데 소비되는 에너지는 동일하기 때문이다.

결국 팔굽혀펴기 1개를 하고 나면 거기서 멈추지 않고 20개, 30개까지 하게 되어, 할까 말까 고민하던 우울한 감정은 사라지고 기분이 한결 좋아지는 경험을 종종 할 수 있었다.

🕐 새벽 기상이 힘든 분들에게 드리는 팁

습관에 대한 열정이 식어 새벽 기상에 자주 실패하는 분들에겐 다음과 같은 방법을 권한다.

"5, 4, 3, 2, 1, 일어나자."

이렇게 입으로 말하며 강력한 초기 활성화 에너지를 만들어보면 좋을 것이다. 어떤 행동을 하면 감정도 그에 따라 변하기 때문이다.

또한 알람 소리를 듣고 무조건 몸을 반 바퀴만 돌려보자. 그러면 관성의 법칙에 따라서 1바퀴까지 돌게 되고, 2바퀴 정도까지 돌면 그 행동이 일어나기 싫은 감정에 변화를 일으킬 수 있다.

나는 2가지 방법을 모두 활용하는 편이다. 먼저 5초의 법칙을 이용해본다.

"5, 4, 3, 2, 1, 일어나자."

효과가 없으면 두 번째로 몸을 반 바퀴 돌리기 시작해서 3바퀴 정도까지 돌려보면 일어날 수 있는 경우가 많았다.

요약하면, 새벽 기상에 성공하기 위해서는 근본적으로 새벽 기상을 해야 할 강력한 이유가 있어야 한다. 그래야 우리 뇌가 우리에게 불쑥 던지는 '왜 이 힘든 새벽 기상을 하려고 하는 거니? 오늘은 피곤하니 조금 더 자는 게 어때?'라는 질문에 답을 할 수 있다. 또, 그래야 오래 지속할 수 있다.

그렇지만 새벽 기상 초기에는 강력한 이유가 있어도 그것만으로는 역부족일 수 있다. 새벽 기상이라는 핵심 습관이 초반에 잘 정착하게 하려면 위에서 언급한 2가지 방법, 즉 5, 4, 3, 2, 1을 거꾸로 세면서 뇌가 우리를 유혹하는 순간을 차단하거나, 몸의 관성의 법칙을 이용하여 침대에서 옆으로 반 바퀴만이라도 움직이는 방법을 사용하는 것도 좋은 시도다.

3

미루기의 주범은
게으름이 아니다

　새해 목표로 배에 식스팩을 만들고 싶어서 '매일 헬스장에서 1시간 운동하기'라는 목표를 세웠다. 바로 헬스클럽 1년 정기 이용권을 끊어 운동을 시작했는데, 일주일 정도는 열심히 다녔다. 그러다가 야근과 회식, 친구와의 약속이 있는 날은 차일피일 미루다가, 어쩌다 한 번 가는 날이면 이제까지 못한 운동을 만회하려는 듯이 미친 듯이 2시간 넘게 운동을 한다. 그러고는 다음 날이면 지쳐서 또 '몸이 좀 괜찮아지면 가야지~' 하고 미루곤 했다.

　여러분도 미루는 습관으로 학교 성적이 떨어지고, 식스팩을 못 만들고, 매년 헬스장에 갖다 바친 돈만 수십만 원인 악순환을 경험해

본 적이 있을 것이다. 그런데 이렇게 미루는 습관은 우리의 게으름이나 집중력 부족 때문이라고 생각하겠지만, 실제로는 그것이 아니다.

🕐 어떻게 시간을 지배할 것인가

작가이자 심리학자인 클라우디아 해먼드는 『어떻게 시간을 지배할 것인가』에서 미루는 습관의 원인을 다음과 같이 강조했다.

"미래에 더 많은 자유시간을 가질 것이라는 낙관주의는 이처럼 미루는 습관으로 이어질 수 있다."

우리는 미래에는 시간이 지금보다 더 많이 있을 거라고 막연히 낙관한다. 그래서 일주일 동안 할 수 있는 것보다 훨씬 더 많은 일들을 일정에 집어넣는 실수를 저지르곤 한다. 그러고는 막상 그 일을 처리해야 할 시간이 다가오면 뒤로 미루기 시작한다. 그의 설명을 조금 더 들어보자.

"바쁘다는 이유만으로 오늘 가야 할 헬스장을 미루면서 내일은 반드시 가겠다고 결심한다. 미래에 관해서라면 끊임없이 긍정적인 생각을 갖는다. 앞으로는 나아질 거야, 앞으로는 정리가 되겠지 하면서 말이다."

우리는 우리의 능력을 너무 과대평가하는 경향이 있다. 그래서 매년 새해 결심을 할 때 무리하게 계획을 잡는다. 참 신기한 일이다.

분명히 과거 경험을 통해 뼈저리게 배웠음에도, 올해만큼은 반드시 더 많은 자유시간을 갖게 될 것이라는 낙관론의 함정에 다시 빠져버린다. 그러고는 이것저것 많은 목표를 세우고 스스로 자랑스러워한다. 언제까지?

'흠. 올해도 글렀군. 뭐 어때, 내년에 다시 하면 되지 뭐.'

미루는 습관에게 하얀 수건을 던지며 항복할 때까지 말이다.

🕐 막연한 낙관주의에 왜 반복적으로 빠질까?

우리는 왜 미래에는 시간이 많이 있을 거라는 낙관주의에 반복적으로 빠질까? 먼 미래에 벌어질 일들에 대해서는 상황을 간소화하고 중요한 요소들을 제거하기 때문이다. 그래서 1년 후에도 지금처럼 바쁠 것이라는 사실을 잊기 때문이다.

2020년에 블로그에 칼럼을 52개 포스팅하겠다는 목표를 세웠다고 하자. 이 목표를 잡을 때는 뿌듯하다. 목표가 이루어진 미래를 상상하며 맘이 설렌다. 산술적으로 계산해보아도 빈틈이 없어 보인다. 일주일마다 1개의 칼럼만 쓰면 된다고 상황을 간소화해 놓고는 흐뭇하게 미소를 짓는다.

하지만 블로그에 매주 칼럼을 하나 올리려면 여러 가지 상황이 톱니바퀴처럼 잘 맞아떨어져야 한다. 2주간의 해외 출장이 잡히거나, 감기몸살로 도저히 글을 쓸 수 없거나, 글감이 떠오르지 않거나, 컴퓨터가 고장이 나서 수리를 맡겨야 할 수도 있다. 그런데도 우리는 삶의 여러 가지 변수들을 제거하고 작년에도 빠져서 허우적거렸던 낙관주의라는 함정에 다시 빠져버리는 잘못을 범한다. 이처럼 어떤 일에 걸리는 시간을 과소평가하는 경향을 가리켜 '계획 오류(Planning Fallacy)'라고 한다.

⏰ 계획 오류 극복하기

흥미롭게도, 우리는 자신의 계획을 잡을 때는 자세한 사항을 무시하는 경향이 강한 반면, 다른 사람의 계획에 참견할 때는 더 자세하게 고려하는 이상한 버릇이 있다. 자신이 겪었던 온갖 방해 요소, 즉 야근, 회식, 집안일, 몸살감기 등 육체적 피로와 정신적 스트레스를 주었던 방해 요소들을 샅샅이 찾아내어 충고한다. 하지만 자기 일에는 이 모든 정보를 무시하고 주요한 특징에만 초점을 맞춰 무리하게 목표를 세운다. 참 흥미롭다.

지금까지 우리는 스스로 게으른 사람이란 프레임 속에 갇혀서 무던히도 오해를 받고 자책하며 살아왔다. 하지만 우리는 태생적으로 게으른 사람들이 절대 아니다. 다만 첫 단추인 계획 단계에서 미래에 대한 낙관주의에 한눈을 팔아 '계획 오류'라는 고속도로에 잘못 들어선 것이다.

그러므로 다른 사람의 목표에 참견할 때 깐깐하게 고려했던 방해 요소들을 나에게도 그대로 고려하여 계획을 잡아야 한다. 그리고 게으른 사람이란 오명에서 당당하게 벗어나자.

하지만 계획과 실행은 또 다른 이야기이다. 그리고 실행을 하더라도 매일 반복적으로 지속한다는 것은 또 다른 이야기이다. 그렇다면 올바르게 세운 계획을 어떻게 실행에 옮기고, 오래 지속할 수 있을까?

🕐 목표 쪼개기

우선 계획을 어떻게 하면 실행으로 옮길 수 있을까?

'시작이 반이다'라는 말이 있다. 그만큼 어떤 일을 시작하는 것은 너무나 힘들다는 말이기도 하다.

하루의 일과에서는 먼저 우선순위에 따라서 가장 중요한 업무를 시작해야 한다. 그런데 그 업무란 것이 대부분 재미있거나 쉬운 것이 아니다 보니 생각하기도 쳐다보기도 싫은 경우가 많다. 그래서 '조금 있다가 처리해야지'라고 자꾸 미루는 버릇이 생긴다. 따라서 시작이 쉽도록 목표를 작게 쪼개야 한다. 시작이 쉽도록 목표를 쪼개려면 어떻게 해야 할까?

🕐 업무 목표 쪼개기

내가 다니는 회사는 매주 금요일마다 주간보고를 작성한다. 직장인이 한 주 동안 회사를 위해 일한 결과물이고, 그 결과물의 양과 품질에 따라서 월급이 정해진다고 할 만큼 매우 중요한 업무 중 하나이다.

무엇보다 부서 임원, 사업부장, 때로는 대표이사까지 읽기 때문에 5줄에서 10줄 이내로 핵심만 써야 한다. 그런데 말이 쉽지, 한 주 동안 해결한 업무들을 핵심만 알기 쉽게 축약해 5~10줄 이내로 쓰는 것은 쉽지 않다. 심리적 압박감이 크다 보니 주간보고를 제출해야 하는 마감시간인 금요일 오후까지 자꾸 뒤로 미루게 된다.

나는 주간보고라는 일감을 쪼개기로 마음먹었다.

'그래, 마음 편히 생각하자. 오전에는 그냥 지난주의 주간보고에 뭐라고 썼는지만 읽어보자.'

목표를 잘게 쪼개어 일단 몸이 움직이게 만든 것이다.

신기하게도 우리 뇌는 관성의 법칙을 따른다. 관성의 법칙이란 정지된 물건은 계속 정지해 있으려고 하고, 움직이는 물체는 계속 움직이려고 하는 성질을 말한다. 따라서 일단 해야 할 업무를 시작하면 멈추기보다는 몇 발자국 더 나아가기 마련이다.

지난주 주간보고를 읽다 보면 이번 주에 써야 할 내용에 대한 아이디어가 조금씩 떠오르고 초안이 써지기 시작한다. 초안만 써놓아도, 오전에 마음먹었던 계획을 초과 달성하는 것이다. 마음이 편해지고 좀 더 가다듬는 일까지 계속 이어서 하게 된다.

결국 압박감 때문에 시작할 엄두가 나지 않던 주간보고를 목표

를 작게 세분화하여 시작했더니, 뇌의 관성의 법칙의 도움으로 예정
보다 빨리 업무를 마무리할 수 있었다.

🕐 자기계발 쪼개기

세상은 너무나 빨리 변하고, 우리는 세상의 변화에 발맞추어 바
뀌어야 한다는 압박을 느끼며 살아간다. 그래서 오늘의 내 모습보다
더 나은 내가 되고 싶은 욕망이 있는 사람들은 변화를 시도한다. 직
장인은 출근 전, 또는 퇴근 후에, 엄마들은 아이가 잠든 새벽에 일어
나 책을 읽고 영어공부를 하고 운동할 계획을 세운다.

그러나 현실은 녹록하지 않다. 계획을 세울 때의 기쁜 마음은 그
리 오래가지 않는다. 멋진 계획과 실행은 엄연히 다른 말이기 때문
이다. 습관홈트 참가자들은 목표를 세울 때 처음부터 시작이 쉽도록
작게 쪼갠다. 하루 10분 안에 습관 3개를 모두 할 수 있도록 말이다.

앞에서 소개했듯이 나의 습관 목록도 모두 9분 5초 만에 실천할
수 있도록 정했다. 이렇게 목표를 작게 설정했기에 3년 넘게 실천해
오고 있다.

'에이~, 그렇게 사소하고 작은 습관을 실천해서 뭔가 변화가 있
겠어?' 하는 의심도 당연하다. 하지만 한 번의 큰 성공보다는 일관성
있는 작은 행동이 위대함을 결정한다. 그 증거는 습관홈트에 참가하
여 변화에 성공한 사람들의 이야기에서 확인할 수 있다.

초등학교 4학년인 내 딸은 3년 넘게 습관을 실천하고 있다. 당연히 그 과정이 순탄치만은 않았다.

"이번 주만 독서록 안 쓰면 안 돼요? 하기 싫어요."

"책을 읽는 것도 힘든데, 독서록을 쓰는 것은 더 힘든 일이지. 아빠도 초등학교 때 독서감상문 숙제가 가장 힘들었어."

우선 딸의 감정을 이해하고 공감해준 후 이렇게 말했다.

"한꺼번에 다 하려고 하지 말고, 일단 책 제목과 지은이만 써. 나머지는 쉬었다가 저녁을 먹고 난 다음에 하면 어떨까?"

습관 행동도 작게 세분화하여 한 단계씩 실천하면, 뇌의 거부감이 줄어들어 수월하게 시작할 수 있다.

"진짜요? 딱 제목하고 지은이만 쓸게요."

그리고는 독서록 노트를 펼치고 무언가 적기 시작했다. 20분 정도 지났을 때 보니 제목과 지은이만 쓴 게 아니라 독서록 내용까지 모두 썼다.

"진짜 놀라운데? 언제 다 쓴 거야?"

"제목과 지은이는 얼른 쓸 수 있잖아요. 어렵지 않으니 얼른 시작하게 되었어요. 그런데 막상 제목과 지은이를 쓰고 나니 좀더 해보고 싶고 내용을 쓰게 되더라구요."

일단 독서록을 펴고 제목과 지은이를 쓰는 순간, 딸의 뇌 입장에서는 쓰고 노트를 덮고 그만두는 데에도 에너지가 들기 때문에, 내용까지 조금 더 실천하려는 관성의 법칙을 따른 것이다.

지금까지 어떻게 계획을 실행에 옮기고 그 행동을 포기하지 않고 지속할 수 있는지에 대하여 알아보았다. 내가 강조하는 사실은 단하나다. 우리는 절대 게으르지 않다. 다만 계획 오류에 빠져 있었던 것뿐이다. 우리에게 필요한 것은 다시 용기를 내어 '계획 오류'에서 벗어난 새로운 목표를 세우고 실행에 옮기는 것이다.

거창한 목표는
개나 줘버려

🕐 마이크 타이슨 & 돈 킹

1995년 미국의 어느 감옥 앞, WBC 세계 헤비급 챔피언이었던 마이크 타이슨은 불미스러운 일로 감옥에서 3년간 복역 후 출소했다. 당연히 그는 복싱의 실전감각이 무뎌진 상태였다.

프로모터인 돈 킹은 이후 타이슨의 첫 대전 상대로 무명이나 다름없는 피터 맥닐리라는 백인 헤비급 권투 선수를 선택했다. 그리고 그해 8월 19일 타이슨은 1라운드 만에 상대를 두 번 다운시킨 후 상대 코치가 경기를 포기하게 만들었다.

4개월 뒤에는 두 번째 상대로 체중 조절에 실패한 것처럼 뚱뚱해

보이는 버스터 마티스 주니어를 선택했고, 3라운드 만에 KO승을 거두었다. 다시 3개월 뒤 이번에는 WBC 헤비급 챔피언인 프랭크 브루노와 경기를 가졌고, 역시 3라운드 만에 KO승을 거두었다.

『승자의 뇌』의 저자이자 세계적인 뇌 과학자인 이안 로버트슨은 이기는 사람과 지는 사람의 생각은 어떻게 다른지 설명하기 위해 '승자효과(Winner effect)'를 주장했다.

허약한 상대를 맞아 몇 차례 승리를 거둔 동물은 나중에 훨씬 강력한 상대를 맞아서도 승리할 가능성이 높다. 생물학의 이런 현상을 설명하는 용어가 바로 '승자효과'이다.

승리감은 테스토스테론이란 호르몬 분출을 유발한다. 승리를 맛본 동물이 다음 번 대결에서도 승리할 확률이 높은 가장 큰 이유도 바로 이 호르몬에 있다. 왜냐하면 승리한 동물들은 테스토스테론이 더 많이 분출되면서 덜 불안해지고 더 공격적으로 바뀌며, 고통을 견딜 수 있는 임계점도 더 높아지기 때문이다.

이안 로버트슨은 다음과 같이 주장했다.

"도전과 경쟁에서 우리가 거두는 결과는 단지 그 과제를 수행하기 직전의 마음상태나 호르몬 활동 상태뿐만 아니라, 과거의 승리 경험 여부에 따라서도 달라진다. 일반적으로 볼 때 약한 상대를 붙여주어 테스토스테론이 최대한 분출되게 만들어, 강력한 상대와 싸울 때보다 큰 힘과 용기를 발휘할 수 있도록 해주어야 한다."

🕐 승자효과

한 직장인이 올해 여름에 하와이로 여행을 가기로 마음먹고 영어공부를 시작했다. 하루 목표를 영단어 100개 외우기로 정하고, 3일을 넘기고 10일을 넘겼지만, 영어 실력이 썩 좋아진 것 같지는 않다. 이때 서서히 조급함이 밀려온다.

분명히 열심히 한 것 같은데 결과가 시원치 않으니, 짜증이 밀려오면서 머리 나쁜 자신을 탓하기 시작한다. 그리고 우울해하다가 슬그머니 포기하고 만다. 이처럼 우리는 오늘 하루 물을 주고 내일 꽃이 피지 않았다고 조급해한다.

반면에 돈 킹은 타이슨에게 승자효과를 한층 높여주기 위해서 전략적으로 맥닐리나 마티스와 같은 허약한 상대와 시합을 하도록 주선했고, 결국에는 타이슨이 세계 챔피언의 자리에 올라설 수 있도록 했다.

만약 그가 타이슨을 세계 챔피언으로 빨리 만들기 위해서 조급하게 강한 상대를 주선했다면 어땠을까? 실전감각이 떨어졌던 타이슨이 손쉽게 승리할 확률은 현저히 떨어졌을 것이다.

🕐 우리가 매번 같은 곳에서 넘어지는 이유

과거의 작은 성공 경험들은 미래에 변화와 도전에 직면했을 때

힘과 용기를 발휘하게 하는 매개체 역할을 한다. 따라서 습관 포기의 지름길인 조급함의 함정에 빠지지 않기 위해서는 목표를 작게 잡아야 한다.

높은 목표는 우리 뇌의 거부감을 강하게 자극하여 성공했다는 짜릿함과 용기를 주기도 하지만, 습관이란 것이 어렵고 힘들다는 감정 또한 주게 된다.

반면에 작은 목표는 우리가 매일 쉽게 달성할 수 있다. 뇌의 거부감이 상대적으로 적고, 우리를 허황된 욕심의 올가미에서 벗어나도록 도와준다. 이렇게 작은 목표를 세우고 매일 작은 성취감이 쌓이면 우리의 하루가 조금씩 건강하게 탈바꿈하며, 이러한 기분 좋은 충만감으로 인한 내적인 강력한 목표의식이 우리를 더 높은 곳으로 자연스럽게 이끌어준다.

하지만 처음부터 거창하고 높은 목표는 타인의 꿈을 훔친 것에 불과하다. 겉보기에는 그럴듯하지만 결국 나의 내면에서 자발적으로 생겨난 것이 아니라 외부에서 빌려온 꿈에 불과하다. 알맹이는 없고 빈 껍데기뿐인 허황된 꿈이다. 나의 내면의 자아와 합의한 목표가 아닌 타인의 목표를 억지로 따라 하는 것은 사람을 지치게 하고 지속할 힘을 빼앗아간다. 이것이 우리가 매번 같은 곳에서 넘어지는 이유이다.

SNS 인증,
그 기록에 대한 오해

요즘에 습관을 실천하는 사람들 사이에는 SNS에 인증을 올리는 것이 유행처럼 번지고 있다. 이는 습관 결과를 기록으로 남기는 것이니 바람직하다. 하지만 이 기록에 대하여 커다란 오해를 하는 경우가 많다.

🕐 SNS 인증과 메타인지

'아빠학교'라는 카페에는 2018년 11월부터 습관의 바람이 불었다. 습관홈트 참가자이자 아빠학교 교감인 주안시온은총 아빠는

'행복한 아빠들의 습관 만들기'라는 소모임을 만들어 18명과 함께 작은 습관을 실천하고 있다. 하루는 이곳에서 강의를 하게 되었는데, 강의 시작 전에는 몰랐지만, 대부분의 아빠들이 조금씩 지쳐서 마지못해 리더와의 약속과 의리 때문에 실천하고 있는 듯한 느낌이 들었다. 2~3개월 사이 찾아오는 '죽음의 계곡'에 빠져 있었던 것이다. 왜 그랬을까? 어떻게 하면 즐겁게 계속할 수 있을까?

강의장 열기는 뜨거웠다. 나는 강의를 하면서 자주 질문을 했고 한 가지 중요한 사실을 알게 되었다. 그것은 바로 SNS 습관 인증이란 기록에 대한 커다란 오해였다.

그들은 매일 SNS에 댓글로 습관 실천 결과를 올려 인증했다. 그러나 놓치고 있는 것이 있었다. '왜 기록을 하는가?'에 대한 근본적인 목적과 이유가 부족했다. 매일 인증하라고 하니까 그냥 해온 것뿐이었다. 그래서 강의 중간에 질문을 했다.

"혹시 SNS에서 인증한 데이터를 주 단위 또는 월 단위로 정리하여 요약하고 있는 분 있나요?"

어색한 침묵이 흘렀다. 아무도 데이터를 정보로 전환하지 않고 있는 듯했다.

가공 전의 데이터인 SNS 인증 기록 자체만으로는 큰 의미가 없다. 데이터를 분석하고 평가하여 의미 있는 정보로 전환해야 하며, 그 정보를 이용하여 나만의 습관 성공 노하우를 체득하고 쌓아 지식으로 발전시켜야 한다. 그래야 메타인지가 향상된다.

발달심리학자인 존 플라벨에 따르면, 메타인지란 자신의 인지적 활동에 대한 지식과 조절을 의미한다. 내가 무엇을 알고 모르는지에 대해 아는 것에서부터, 내가 모르는 부분을 보완하기 위한 계획, 그 계획의 실행과정을 평가하는 것에 이르는 전반을 말한다.

한마디로 요약하면, 우리가 기록을 하는 이유는 바로 평가를 하기 위한 것이다. SNS에 매일 인증을 올려도 그 데이터를 평가하지 않는다면 아무 의미가 없다.

아이들도 예외는 아니다. 좋은 습관을 만들어주려면, 습관 실천 결과를 기록하는 것도 중요하지만 부모가 주기적으로 피드백을 해주어야 한다. 그래야 아이가 포기하지 않고 지속할 수 있는 원동력이 생긴다.

『우리아이 작은습관』의 주인공인 은율이는 주 단위로 습관 기록을 평가한다. 나는 아이 스스로 계획한 시간에 실천했는지, 습관 결과물의 품질은 어떤지 살펴보고, 칭찬과 격려를 포함한 피드백을 3년 넘게 해오고 있다.

🕐 주간 리포트와 메타인지

습관홈트 참가자들은 주간 리포트를 작성하여 일주일마다 SNS에 공유하고 있다. 다음은 한 참가자의 주간 리포트이다.

습관홈트 프로그램 참가자의 주간 리포트

나의 꿈/보물지도	꿈찾기			
나의 현재 랭킹	2위			
나의 현재 성공률	96%			

미션점수	이번주	이번주 점수	지난주 누적	현재 누적 점수
습관 성공률	96%	96	300	396
SNS인증(2점)	7	14	34	48
시험(20점)	1	20	20	40
주간 리포트(10점)	1	10	30	40
합계		140	384	524

습관 최대의 적	게으름 습관인증 밤에 몰아하게 됨(밤에 잘됨)			

	잘한점	반성할 점	새로운 다짐	구체적 행동
셀프 피드백	아침 9시 책 읽기 실천	습관 입력 깜빡함	습관 프로그램 끝난 후 SNS 꾸준히 인증하기	오전 9시 독서/ 새벽 12시 전까지 SNS 인증

이 참가자는 주간 리포트를 통해 자신의 성공률이 다른 이들의 평균과 얼마나 차이가 나는지 비교할 수 있고, 잘한 점과 부족한 점은 무엇이며, 개선사항은 무엇인지 정리한다. 그리고 습관 실패의 최대 적이 무엇인지 파악한 후 이를 극복하기 위한 구체적인 행동까지 기록한다. 주 단위까지는 아니더라도, 월 단위로는 성공률이 지난 달과 비교하여 상승했는지 하락했는지 파악하고, 그 원인을 개선하기 위한 구체적 계획도 세워야 한다. 단순한 SNS 인증만으로는 아무것도 변화시킬 수 없다.

6

오늘 1% 실패를
웃어넘기지 마세요

🕐 실내 자전거 타기 20분

'실내 자전거 타기는 습관 목록에 넣기 힘들겠죠? 저는 실내 자전거 타기를 하고 있는데요. 땀을 흘리려면 아무리 목표를 줄이려고 해도 30분은 걸려요. 그러니 작은 습관 목록에 적합하지 않죠?'

어느 독자가 보낸 질문 내용이다. 건강에 대한 욕심이 진하게 묻어나는 질문이다.

습관홈트는 하루 10분 안에 모두 실천할 수 있는 습관 3개를 강조한다. '물 한 잔 마시기', '앉았다 일어서기 3번', '글쓰기 2줄', '책 2쪽 읽기' 등 목표라고 말하기에 쑥스러울 만큼 아주 사소한 작은 습관들이다.

그렇다 보니 이 사소한 작은 습관에 대해 오해하는 사람들이 있다. 최저 기준인 글쓰기 2줄이나 책 2쪽만 읽고, 그 이상을 하면 큰일 나는 줄 아는 것이다.

우리는 자신의 잠재력을 과대평가하는 못된 버릇이 있다. 동기가 충만하고 열정이 하늘을 찌를 듯이 높을 때는 성공하지 못할 일이 세상에 없는 듯하다. 하지만 나의 끈기와 인내력이 영원히 지속할 것이라 믿고 목표를 높게 잡는 순간, 습관 형성은 일장춘몽이 되고 연기처럼 사라지고 만다.

아쉽게도 우리의 동기와 뜨거운 열정은 1년 동안 지속할 수 없다. 우리 열정의 총량은 정해져 있으며 시간이 지날수록 고갈된다. 그래서 목표를 작게 잡고 매일 작은 성공의 기쁨을 맛보게 하는 것이 핵심전략이다. 왜냐하면 작은 성공은 또 다른 작은 성공을 이끌어내기 때문이다. 이는 마치 작은 눈덩이가 비탈길에서 구르면서 뭉쳐져서 결국 거대한 눈덩이가 되는 것과 같다.

🕐 습관의 가속도

습관이 커다란 눈덩이가 되려면 어느 정도 가속도가 필요하다. 그리고 가속도를 내려면 습관 성공의 최저 기준만 실천해서는 불가능하다. 즉 초과 달성이 반드시 필요하다.

'책 2쪽 읽기' 식으로 매일 최저 기준만큼만 실천하면 변화가 미미할 수밖에 없고, 매일 눈덩이의 크기가 거의 같은 걸 보다 보면 습관 실천에 따른 보상이나 만족감이 적어 목적의식이 메말라간다. 마음속에 목적이 희미해지면 방향감각을 잃고 방황할 위험이 커진다.

특히 '빨리빨리' 문화가 몸에 밴 한국인들에게는 최소한 내가 원하는 올바른 방향으로 성장하고 있으며, 습관 실천이 도움이 되고 있다는 중간 점검 및 자기확신이 매우 중요하다.

예를 들어 하루에 '책 2쪽 읽기'를 1년 동안 최저 기준만 달성하여 읽는다면, 산술적으로 1년 동안 하면 730쪽으로 약 3권 정도의 분량이다. 하지만 우리의 무한한 잠재능력을 무시해서는 안 된다. 나는 아들러의 이 말을 참 좋아한다.

"잘못된 사람은 없다. 다만, 목적이 좌절되어 낙심한 상태에 있을 뿐이다."

아들러는 덧붙여 우리 모두에게는 무엇이든 할 수 있는 능력이 있다고 강조한다. 비록 육체적으로 피곤하고 정신적으로 피폐한 날은 최저 기준만 실천하더라도, 평범한 날에는 최저 기준을 뛰어넘어 실천할 수 있다. 탄력을 받으면 10쪽, 20쪽, 50쪽도 읽을 수 있다.

그렇다고 해서 우리의 잠재력이 무궁무진하니 하루이틀 습관을 실천하지 않아도 연간목표를 달성할 수 있을 것이라고 착각하면 안 된다. 왜 최저목표를 정했는지 근본적인 이유를 잊어서는 안 된다. 최저목표는 반드시 매일 실행해야 하는 것이다.

최저목표는 작은 습관 실천의 제1원칙인 '매일 100% 습관 성공'을 계속 달성하도록 돕기 위한 것이다. 99%의 성공으로는 우리 뇌(기저핵: 과거 습관 담당)의 새로운 습관에 대한 거부감을 없앨 수 없다.

오늘의 1% 실패는 내일의 우리에게 논리적인 핑계거리를 준다.

'어제도 안 했는데, 굳이 오늘 뭐하러 해? 기왕 한번 실패한 거 내년에 다시 새롭게 시작하자. 올해는 다른 일들도 많고.'

이처럼 1% 실패를 얕잡아보면 안 된다. 우리 뇌는 자기합리화에 능숙하다. 지금까지 쌓아놓은 습관의 성벽에 작은 균열을 일으키고 결국 공든 탑을 순식간에 무너지게 한다.

무엇보다도 1%의 실패가 쌓이면 우리 뇌에도 부정적인 변화가 일어난다. 런던 택시 운전사들의 뇌를 분석해보니, 다른 사람들에 비해 해마가 상당히 크다는 것을 발견했다고 한다. 해마는 공간지각 능력과 관계가 있다. 엄청나게 복잡한 런던 시내를 반복해서 운전하다 보니 해마의 크기가 점차 커지게 된 것이다.

흥미로운 사실은 런던 택시 운전사들이 은퇴한 후에는 다시 해마의 크기가 감소했다는 것이다. 즉 반복된 습관으로 뇌의 특정 부위가 발달하지만, 사용하지 않으면 다시 위축된다. 습관으로 강화된 어떤 능력도, 습관을 멈추면 그 행동에 대한 뇌의 거부감이 커지면서 우리의 생각과 행동 사이의 마찰력을 원상복귀시킨다는 사실을 잊지 말자.

　요약하면, 초기에는 거대한 목표로 시작하면 100% 실패한다. 우리 뇌가 새로운 행동에 갖는 거부감을 과소평가해서는 안 된다. 따라서 습관 목록을 정할 때는 우리의 잠재력을 맹신하지 말고 목표를 작게 잡아야 한다. 다만 동기가 충만하고 의지력도 가득한 날에는 마음껏 초과하여 달성하자. 이는 연간목표를 달성하는 데에도 도움이 된다.

　무엇보다 '오늘은 피곤하니까 하루쯤은 건너뛰어도 괜찮겠지?'라는 뇌의 유혹에 넘어가면 안 된다. 그래서 오늘 1%의 실패를 웃어넘기면 안 된다. 실패는 쉽게 익숙해진다. 그리고 우리의 뇌는 우리를 끊임없이 유혹한다.

　1%의 실패에 익숙해지지 말자.

열등감이 병이
되지 않으려면

2018년 여름에 중국 출장을 다녀온 적이 있다. 공항에서 호텔까지는 영어로 소통하며 일정을 소화할 수 있었다. 그런데 다음 날 택시를 탔는데 영어가 전혀 통하지 않았다. 스마트폰의 구글 번역기를 동원하여 간신히 의사소통을 하고 호텔로 복귀했다.

그다음 날은 상황이 나아졌다. 주재원인 직장동료가 택시 운전사에게 유창한 중국어로 설명해주었기 때문이다. 그 순간 중국어를 잘하는 직장동료가 무척 부러웠고, 잠시 뒤 그 부러움은 열등감으로 바뀌더니 일순간 우울마저 밀려왔다.

하지만 열등감은 인간에게 자연스러운 감정이다. 우리는 모두 불완전하기 때문이다. 그리고 열등감은 매우 주관적인 감정이다. 내 키가 175cm인데 동생이 더 커서 180cm 이상이라면, 내가 키가 작다고 생각하고 열등감에 빠질 수 있다. 하지만 친구나 부모형제의 키가 나와 같거나 170cm 이하라면 키 때문에 열등감에 빠지지 않을 가능성이 높다.

살다 보면 누구나 열등감을 느끼는 경험을 하게 된다. 하지만 누군가는 열등감을 성장과 발전의 자극제로 활용하고, 누군가는 스스로를 자책하고 자신이 무능하다고 판단하여 어떤 노력도 하지 않는 핑곗거리로 활용한다.

문제는 열등감이 아니라 열등감 콤플렉스이다. 『미움받을 용기』에 등장하는 철학자는 이 두 가지 개념의 차이를 쉽고 명확하게 설명한다.

"가령 학력에 열등감을 느껴 '나는 학력이 낮다. 그러니 남보다 몇 배 더 노력하자'라고 결심한다면 도리어 바람직하지 않나. 하지만 열등 콤플렉스는 자신의 열등감을 변명거리로 삼기 시작한 상태를 가리킨다네. 구체적으로 '나는 학력이 낮아서 성공할 수 없다'라거나 '나는 못생겨서 결혼을 할 수가 없다'라고 말하는 사람들이지. 이렇게 일상생활에서 'A라서 B를 할 수 없다'라는 논리를 내세우는 것은 이미 열등감의 범주를 벗어난 걸세. 그건 열등감 콤플렉스지."

이처럼 모자란다고 느끼는 감정인 열등감은 문제도 아니고 병도 아니다. 이 열등감 때문에 어떠한 시도도 하지 않고 포기하는 열등감

콤플렉스가 더 커다란 문제이다. 즉 '나는 열등하다'라는 감정을 어떻게 해석하고 무엇을 실행하는가에 따라 우리의 미래는 달라진다.

결국 열등감이 병이 되지 않으려면 새로운 목표를 세우고 자신의 능력을 발전시키며 건강한 자극제로 활용할 지혜가 필요하다. 다른 사람과 끊임없이 비교하지 말고, 목표를 달성한 이상적인 나와 현실의 나를 비교하면서 그 간극만큼 더 성장하도록 자극하는 도화선으로 삼아야 한다.

여러분은 열등감을 어떻게 바라보고 있는가?

8

새로운 시작,
365일 언제나 옳다

사람은 누구나 불완전하며 남과 비교하면서 스스로를 약하고 부족하다고 느끼기 시작한다. 그래서 이 열등감을 극복하기 위해 새로운 목표를 세우고 새로운 행동을 실행하기로 결심한다. 목표를 새롭게 세우면 자연스럽게 잘못된 습관을 버리고, 목표를 달성하기 위한 좋은 습관을 만들 수 있는 환경이 만들어지게 된다.

그러나 목표가 현실이 되기 위해서는 결심만으론 불가능하다. 결심을 실제로 행동으로 옮겨야 한다. 하지만 우리는 머뭇거리다가 기회를 잃어버리곤 한다. '내가 과연 변할 수 있을까?'라고 의심하는 나쁜 습관에 얽매이다 보면 기회는 쏜살같이 떠나버리고 만다.

자신의 능력을 믿지 못하고 의심만 하다가 시간만 낭비하는 사람이 많다. 용케 행동을 시작했다고 해도, 우리는 늘 같은 곳에서 넘어지고 실패하는 경우가 많다. 그래서 가장 어려운 것은 바로 나 자신을 바로 이해하고 변화시키는 일이다. 그나마 이런 미루는 습관에 종지부를 찍도록 하늘이 허락한 날이 있으니, 바로 매년 우리에게 처음인 것처럼 찾아오는 새해 첫날이다.

많은 사람들이 기다렸다는 듯이 1월 1일에 새로운 목표를 세우고, 좋은 습관을 실천하기 위한 파티에 들뜬 마음으로 참여한다. 하지만 이 화려한 파티는 오래가지 않는다. 늘 하던 대로, 우리의 의지력을 과대평가하여 남들이 세운 높은 목표를 따라 하곤 하기 때문이다. 초반에 목표를 빨리 달성하고 싶은 욕심과 조급증이 겹치면서 무리하게 열정과 의지를 쏟아붓는 실수를 다시 반복하다가 곧 지쳐 쓰러진다. 한 번 쓰러진 것뿐인데, 우리 마음은 심하게 흔들리기 시작하고, 점차 자포자기의 나락으로 떨어지게 된다.

충분히 이해가 된다. 지금까지 습관에 대한 새로운 전략을 제시하지 않았기 때문에 많은 사람들이 과거의 잘못된 습관 전략을 계속 사용할 수밖에 없었다. 그러나 이제는 새로운 습관 전략을 사용할 기회가 찾아왔다. 수십 년간의 실패를 끊어낼 때가 된 것이다. 우선 기본부터 시작해보자.

새로운 목표를 세우고 습관을 실천하기에 가장 좋은 날은 1월 1일이 아니라 바로 '지금, 오늘'이다. 그래서 365일 하루하루는 습관을 실천하기에 모두 딱 좋은 날이다. 365일 언제나 옳다.

우리는 누구나 변할 수 있는 가능성이 무궁무진하다. 용기의 심리학자 아들러는 매일 흔들리고 망설이는 우리에게 따뜻한 조언을 한다.

"삶이란 끊임없이 도전을 만나는 일이다. 평생 계속되는 도전에 맞설 용기를 내는 것, 이것이야말로 삶의 본질이다. 그러므로 당신은 선택할 수 있다. 순순히 도전에 응하면서 진짜 삶을 살 것인가, 아니면 뒤로 물러나 계속 핑곗거리를 찾으며 가짜 삶을 살 것인가."

누구나 365일 언제라도 변화할 수 있다. 올바른 습관 전략만 사용한다면 말이다. 나에게 딱 맞는 옷이 있듯, 습관도 나에게 딱 맞는 습관이 있다. 습관은 더 이상 우리의 의지력에 달려 있지 않다. 습관 성공은 '올바른 습관 전략'에 달려 있다. 매번 같은 곳에서 넘어지더라도 다시 시작할 용기만 있다면 말이다.

5장

매번 같은 곳에서
넘어지지 않으려면

"습관은
위대한
씨앗이다."

나는 잘 살고
있는 것인가?

🕐 죽음에 대한 공포

'내가 죽으면 어떻게 될까?'

죽음에 대한 생각은 어린 시절부터 중년이 된 현재까지 오랫동안 나의 뇌 어느 한구석에 달라붙어 있었다.

초등학교 6학년 때 비무장지대에서 복무하던 사촌형이 휴가를 받아 우리 집에 놀러왔는데, 잠자리에 누워 군대 이야기를 한 토막 들려주었다. 북한군이 밤에 몰래 넘어와 군인들을 죽이고 목을 가져간다는 무시무시한 얘기였다. 그때부터 나는 죽음의 공포에 대해 강하게 의식하게 되었다.

청소년기에도, 어른이 되어서도 불현듯 '내가 죽으면 어떻게 되지?'라는 생각이 공격해올 때마다 너무 무서웠다. 머리를 좌우로 흔들면서 '으아아아아~' 소리지르며, 껌딱지처럼 달라붙은 죽음의 공포를 떼어내려고 무던히도 애쓰면서 살았다.

30대 초반의 초가을 어느 날, 아침 6시쯤 출근을 위해 집을 나서서 지하철역으로 가던 중이었다. 갑자기 '내가 죽으면 어떻게 되지?'라는 생각이 다시 공격해왔다. 정장을 입고 구두를 신은 채 비명을 지르며 200m 거리를 전력질주하여 지하철 역까지 뛰어갔던 기억이 생생하다. 그렇게 숨이 멎을 정도로 전속력으로 달리고 나서야 공포를 겨우 떼어낼 수 있었다.

🕐 오늘 하루를 잘 살아야 한다

사람이 태어나면 누구나 죽는 것은 당연하다. 어쩔 수 없는 슬픈 사실이다. 그런데 대부분의 사람들은 죽음을 두려워한다. 왜 그럴까?

나는 한 편의 영화 속에서 그 답에 접근할 수 있었다. 〈코코〉는 '죽은 자의 날'로 불리는 멕시코 전통 축제를 모티브로 제작한 애니메이션 영화이다. 이 영화에서 사람들은 죽으면 이승을 떠나 저승으로 이동한다. 그렇다고 저승에서의 삶이 영원한 것도 아니다. 만약 이 세상에 아무도 죽은 자를 기억해주는 사람이 없으면 죽은 자의 나라에서도 그는 다시 죽어 영원히 사라진다. 결국 핵심은 사랑하는 사람들의 망자에 대한 '기억'이다.

나를 포함한 많은 사람들이 죽음을 두려워하는 진짜 이유는 나라는 존재가 이 세상에서 사라진다는 공포가 엄습해오기 때문인 것 같다. 나는 죽는 순간 사랑하는 가족과 이별해야 한다는 사실이 두렵다. 아내와 딸들을 더 이상 볼 수 없다는 두려움, 함께 추억을 만들지 못한다는 서글픔, 그들이 언젠가는 나를 더 이상 기억해주지 않을 것이란 서글픔 등이 죽음에 대한 공포의 원천이라고 생각한다.

이렇듯 두려운 죽음의 공포에서 벗어나기 위해 인간이 할 수 있는 방법은 죽음을 무효화하는 것뿐이다. 즉, 죽으면 아무것도 남기지 않고 영원히 사라지는 것이 아니라 어떤 형태로든 후세의 기억 속에 살아남는다고 생각하는 것이다. 죽은 후에도 그 사람의 존재와 기억은 사라지지 않을 것이란 믿음이 있어야 죽음의 공포를 극복할 수 있으며, 또한 남겨진 사람도 슬픔을 치유할 수 있을 것이다.

또 자기 삶을 통해서 후세에 전하고 싶었던 것, 그것을 남길 수만 있다면 어떤 의미에서는 죽어서도 사라지지 않는 것이라고 할 수 있다. 그렇기에 우리 모두는 오늘 하루를 잘 살아야 한다. 소크라테스는 이렇게 말했다.

"중요하게 여기지 않으면 안 되는 것은 그냥 사는 것이 아니라 잘 사는 것이다. 이처럼 잘 사는 것에 전념하면 미래는 신경이 쓰이지 않게 된다."

이 말을 달리 해석한다면, 죽은 후에 어떻게 될 것인지가 마음에 걸린다면, 그것은 현재의 삶을 충실히 잘 살고 있지 않다는 반증이라는 것이다.

⏱ 하루 루틴의 또 다른 힘

그러고 보니 내게는 최근 3년 동안 죽음에 대한 공포가 거의 사라졌다. 매일 새벽 3시 30분에 기상하여 출사표를 한 번 읽고 필사하고, 책을 읽고 글을 쓰고 하루를 시작한다. 퇴근 후에는 팔굽혀펴기 5회 습관으로 하루를 마무리하는 루틴을 실천하면서 죽음의 공포가 많이 사라진 것 같다.

하루를 어떻게 시작하고 어떻게 마무리할 것인가. 규칙적인 계획을 세우고 습관을 통해 실천하고 있다면 그것만으로도 삶을 충실히 잘 살고 있다는 증거가 아닐까.

나를 키운 8할은
결핍이었다

내 인생에서 중요한 결정을 내리고 실행에 옮긴 사건들을 곰곰이 되짚어보았다. 나의 목표 또는 욕심이 그냥 계획에만 머물지 않고 실행에 옮겨지게 된 결정적 힘은 과연 어디에서 왔을까?

충남 당진의 시골 중학교를 졸업하고 대전으로 고등학교 유학을 떠나도록, 나의 등을 세차게 밀어준 힘은 결핍이라는 보이지 않는 손이었다. 가난은 나의 정신적 결핍을 시멘트처럼 단단하게 만들어주었다. 시골을 벗어나지 않으면 가난이 나를 거쳐 내 자식들에게까지 그대로 대물림될 거라는 생각이 들었다. 부모님, 동생들, 심지어 마을 사람들마저도 공부하는 것보다 농사일을 거드는 것이 효도하는

길이라고 했지만, 나는 그 이야기들을 뒤로 흘려 넘겨버렸다.

대학 시절에도 나를 계속 움직이게 만드는 원동력은 결핍이었다. 나는 학비를 마련하기 위해 다양한 아르바이트를 했다. 그러다 영어를 배우기 위해서 캐나다 어학연수를 가기로 마음먹고, 하루를 쪼개어 더 많은 아르바이트를 했다. 오전에 수업을 듣고 오후에는 학교에서 2시간 거리에 사는 중학생의 과외를 하고, 다시 저녁에는 대학 근처 호프집에서 아르바이트를 했다. 하지만 어학연수비를 모으기에는 턱없이 부족했다. 결국 휴학을 하고 닥치는 대로 일을 했다. 과외와 호프집 아르바이트를 하면서 틈틈이 물탱크 청소 등 막노동도 마다하지 않았다. 그렇게 모은 돈으로 비행기표를 사고 캐나다로 출국하기 하루 전, 친구들과 술자리를 가졌다. 한 친구가 그 돈으로 진짜 어학연수를 가다니 대단하다며, 자기 같으면 옷 사고 술 마시는 데 다 썼을 거라며 부러운 눈으로 쳐다보았다.

직장을 다닐 때도 결핍은 여전히 나를 따라다녔다. 직장생활은 지옥 같았다. 첫 직장이었던 대기업을 1년도 안 되어 퇴사하고 새 직장을 구했지만 기대했던 몇몇 회사 면접에서 모두 고배를 마셨다. 마음이 급해지면서 아무 회사에나 입사했지만 한 달도 못 버티고 다시 퇴사했다. 입사한 지 하루 만에 퇴사한 적도 있었다.

인간은 정말 적응을 잘하는 것 같다. 처음 사표를 던질 때는 걱정도 많고 불안했는데, 한 번 던져본 사표의 맛을 안 뒤부터는 밥 먹듯이 사표를 던져도 아무렇지 않아졌다.

당시 나의 현실은 불만과 불안이 공존하는 결핍의 벌판 같았다. 중소기업에 다니던 시절에는 모든 것이 불만이었다. 내가 맡은 업무도 상사도 동료도 모두 불만스러웠다. 도약하고 싶었다. 여기서 인생의 목표를 멈추고 싶지 않았다.

그래서 해외 MBA에 도전하기로 결심했다. 하지만 결핍은 나를 쉽게 놓아주지 않았다. MBA 학비와 생활비를 벌기 위해서는 지옥 같았던 중소기업을 2년 동안 더 다니며 돈을 모아야 했다. 물론 회사에 다니면서 시험에도 합격해야 했다. 그래서 새벽 4시에 회사에 출근해서 시험공부를 했다. 주말에도 집 근처의 대학 도서관에서 살다시피 했다. 아내의 응원과 동의가 없었다면 불가능한 도전이었다. 이 자리를 빌어 아내에게 감사를 전하고 싶다.

결국 그런 노력의 결과로 MBA를 마치고 외국계 기업에 입사했고 연봉도 높아졌으며 몇 년 뒤에는 지금 다니는 대기업에 입사할 수 있었다. 하지만 평화는 오래가지 않았다.

책 쓰기도 결핍이란 위기의식이 나를 변화시킨 결과물이다. 나에게 직장생활은 일시적으로 승인된 출입증처럼 여겨졌다. 출입증의 유효기간은 매년 업무평가에 따라 연장되기도 하지만, 어느 날 갑자기 조용히 만료되기도 한다는 것을 동료들을 보면서 실감했다. 그런 생각이 조금씩 나를 혼란스럽게 했다. 그리고 지금 회사 이후의 삶을 대비하지 않으면 내 인생에 미안해야 한다는 생각에까지 미치게 되었다. 내 인생을 타인의 명령에 따라 끌려다니도록 방치해서는 안 된다고 느끼기 시작했다. 출입증의 배터리 잔존 용량이 점차 사라져 간다는 위기의식과 결핍은 나를 행동하게 만들었다. 내가 주인인 인생을 살다 죽고 싶었다.

내가 주인인 인생은 과연 무엇일까?

우선 하루 24시간을 내 마음대로 사용할 수 있어야 한다. 시간의 주인이 되어야 가능한 인생이다. 또, 내가 선택하고 좋아하는 일을 해야 한다. 나는 글을 쓸 때 인생의 주인공이란 생각이 들었다. 점차 글쓰기는 곧 내 삶의 의미이고 전부라고 생각하게 되었다. 그러면서 좌절해 낙담한 사람들이 습관을 통해 다시 원하는 삶을 살 수 있도록 용기의 글을 쓰는 작가가 되고 싶다는 소명을 발견하게 되었다.

결핍이 항상 나쁘기만 한 것은 아니다. 결핍은 불만을 가져오고, 불만이 있는 사람만이 변화를 모색하고 꿈을 꾼다. 그러니 나를 키운 8할은 바로 결핍이었다. 결핍은 나의 에너지다.

그러나 내 말을 오해하지는 말길 바란다. 아무런 대책 없이 회사 문을 박차고 의기양양하게 걸어나오면 안 된다.

내가 좋아하는 영어 표현 중에 "Have a 2nd string to one's bow(첫 번째 줄이 끊어질 것을 대비하여 미리 당신의 활에 두 번째 줄을 준비하라)"라는 문장이 있다. 직장이 당신의 첫 번째 줄이고 그 줄의 생명이 곧 멈출 것 같은 낌새가 느껴진다면, 서둘러 두 번째 줄의 준비에 박차를 가해야 한다. 당신의 활에는 몇 개의 줄이 있는가?

인생은 공평하다. 누구나 감당할 만한(초기에는 견디기 힘들지만 점차 시간의 풍화작용으로 고통의 강도도 퇴색하기 때문에) 결핍 한두 개는 등에 짊어지고 살아간다.

당신은 결핍을 어떻게 바라보는가? 삶을 바라보는 각도를 조금만 비틀어보면 어떨까? 그러면 어느 순간 결핍 속에서 빛나는 가능성이 보일 것이다. 그 가능성의 등에 올라타고 힘껏 변화의 중립지대를 통과해보자. 왜냐하면 결핍의 터널 반대편에는 변화의 햇살이 춤을 추기 때문이다.

자. 이제 당신 차례이다. 당신이 매번 같은 곳에서 넘어지고 절망한다면 결핍의 터널 입구에 서 있는 당신의 모습을 상상해보라. 그리고 천천히 그 터널 속으로 용기 있게 한 걸음씩 옮겨보자. 그리고 긴 여행을 떠나기 전에 준비물을 꼼꼼히 챙겨야 하듯, 결핍 속에서 빛나는 가능성을 만들어줄 좋은 습관을 제대로 챙겼는지 다시 한번 확인해보길 바란다.

나라는 나약한 인간이
거친 세상을 이기는 방법

🕐 습관은 마중물이다

　제임스 클리어의 『아주 작은 습관의 힘』에 따르면, 우리의 몸속에서 잠자고 있던 잠재력은 습관을 통해 몸 밖으로 튀어나온다. 나도 전적으로 공감한다.

　나는 '습관은 마중물'이라고 생각한다. 우리에게는 많은 잠재력이 갇혀 있지만, 그것을 길어올리려면 마중물이 필요한 것처럼, 매일의 작은 습관이 마중물이 되어 그 잠재력이 터져 나올 수 있도록 돕는다. 그 마중물이 모여 갇혀 있던 잠재력이 비로소 밖으로 나와 시원한 물로 흐를 수 있다. 마치 댐에 막힌 물길을 터주는 물꼬와도

이범용 48세 / S그룹 프로젝트 매니저, 작은 습관 실천 중
처음부터 제가 새벽 3시 반에 일어난 건 아니었고요
하다 보니까 습관에 제가 빠져들면서 보상들이 오면서

같다고도 할 수 있다. 2019년 6월에 방송된 〈SBS 스페셜〉의 인터뷰에서도 이런 생각을 말한 바 있다.

그런데 우리가 저지르는 흔한 오해가 하나 있다. 습관은 거창한 목표를 세우고 며칠 또는 몇 달 만에 달성할 수 있다고 믿는 것이다. 그러나 습관 성공의 비밀은 일상 속에서 아주 작은 승리들이 모여 우리의 미래를 결정한다는 것이다. 『시경(詩經)』에는 '미불유초 선극유종(靡不有初 鮮克有終)'이라는 말이 있다. '처음 시작할 때는 누구나 성공을 결심하고 노력하지만, 끝까지 계속하는 사람은 적다'라는 뜻이다.

거창하고 높은 목표로 가득 찬 무거운 배낭을 메고 호기롭게 떠나지만 이내 무게 때문에 지쳐 포기한다. 그래서 우리는 작고 가벼운 배낭을 메고 콧노래를 부르며 출발해야 끝까지 계속 갈 수 있다. '나'라는 나약한 인간이 거친 세상을 이겨내는 방법은 매일 습관을 실천하는 방법밖에 없다.

『18년이나 다닌 회사를 그만두고 후회한 12가지』의 저자 와다 이치로도 이와 비슷한 맥락에서 한 가지 예를 들었다.

1.01과 0.99의 차이는 고작 0.02일 뿐이다. 하지만 1.01의 365제곱은 37.8이고 0.99의 365제곱은 0.026이다. 매일 1%씩 자신의 행동을 개선하여 1년 365일 계속하면 1.01은 37.78343이 된다. 즉 38배 성장한다. 반면에 어찌해도 의욕이 생기지 않아서 전날보다 매일 1%씩 행동이 절하된 상태로 1년을 이어나가면 0.025518이 된다. 매일 1%라는 작은 승리(Small Win)가 커다란 차이(Big Difference)를 만들어내는 것이다.

『아주 작은 습관의 힘』이라는 책에도 나의 첫 책『습관홈트』와 일맥상통하는 내용이 많이 등장한다. 특히 2분 규칙은 내가 강조한 하루 10분, 습관 3개와 매우 흡사한 전략이다.

"변화해야겠다고 꿈꾸는 순간, 우리는 흥분하고 빨리 많은 일을 하려고 한다. 여기에 대응하는 가장 효율적인 방법으로 나는 ⊠2분 규칙'을 사용한다'. '새로운 습관을 시작할 때 그 일을 ⊠2분 이하로 하라'는 것이다."

어떤 습관이든 2분 이내로 아주 작게 설정하라는 것이다. 막연한 목표를 설정하기보다는 2분 이내에 할 수 있는 구체적 행동으로 바꾸라는 것이다. 다음처럼 말이다.

- 오늘 요가를 해야지. (X)
- 요가 매트를 깔아야지. (O)

- 저녁 먹고 공부해야지. (X)
- 오후 7시에 노트를 펼쳐야지. (O)

나도 습관홈트 참가자들에게 직업적 또는 개인적 꿈을 실천하기 위해 필요한 습관 3개를 정하고, 하루 10분 이내에 할 수 있을 만큼 작게 설정하라고 강조하고 있다.

나 또한 하루도 빠짐없이 습관 목록 3개를 실천하고 있다. 책 읽기 2쪽, 글쓰기 2줄, 팔굽혀펴기 5회는 사소하고 작은 습관들이지만, 이를 통해 무기력했던 삶에서 벗어나 3년 동안 280권의 책을 읽고, 책을 출간하고, 방송을 출연하고, 우수사원으로 선정되기도 했다. 또한 26년 동안 피워오던 담배를 끊고, 4주만에 10kg 감량에 성공한 뒤 지금까지 적정 체중을 유지하고 있다. 무엇보다 이런 성공 경험과 노하우는 습관홈트 참가자들에게 누구나 변할 수 있다는 용기를 주고 있다.

당신은 롤모델이
있나요?

여러분은 닮고 싶은 롤모델이 있는가? 나의 롤모델은『습관의 재발견』이라는 책의 저자인 스티븐 기즈이다. 이 책은 2010년 이후 차갑게 식어버린 내 심장을 2016년 다시 뜨겁게 활활 타오르게 한 책이다. 다시 뜨거워지는 데 걸린 시간이 무려 6년이다.

나를 변화시키기 위해 선택했던 과거의 목표들. 그것들은 하나같이 긴 여행을 하기엔 너무나 무거웠다. 새로운 변화의 길을 떠났지만, 결국 스스로 지쳐 포기했던 과거의 모습들이 떠오른다.

『습관의 재발견』을 만나고 비로소 달라질 수 있었다. 이 책에서 저자는 변화의 여행을 떠날 때는 최대한 몸을 가볍게 하고 떠나라고 했다. 그래야 멀리 갈 수 있다고.

'그래, 바로 이거야! 실천해보자. 그리고 매일 기록하고 분석해보자. 혼자 떠나면 외롭고 지칠 때 포기할 수 있으니 동료와 함께 떠나자.' 하고 다짐하게 되었다.

🕐 인과의 법칙

그러나 변화는 하루아침에 만들어지지 않았다. 동료들도 나도, 마치 통과의례처럼 시행착오를 무던히도 겪었다. 그때 브라이언 트레이시의 『백만불짜리 습관』을 통해 알게 된 '인과의 법칙'은 시행착오의 늪에서 벗어나게 하는 지혜의 보물이었다.

"모든 성공법칙 중 가장 중요한 법칙은 인과의 법칙이며, 당신이 다른 성공한 사람들이 하는 대로 따라 하면 결국 당신도 그들이 거둔 성공을 똑같이 이룰 수 있을 것이다. 그러므로 성공한 사람을 찾아 그 사람이 한 그대로 하라. 똑같이 생각하고 똑같이 느껴라. 또 똑같이 행동하라. 당신은 그들이 거둔 것과 똑같은 성공을 거둘 것이다."

맥스웰 몰츠는 『성공의 법칙』에서 이렇게 강조했다.

"한 사람을 정해 한 달간 철저히 연구하라. 그 사람이 생각하는 방법에 너무나 익숙해져서 마치 그 사람과 마주앉아 우리의 상상력에 불을 지필 수 있도록 대화를 나누고 솔직한 충고와 지도를 해달라고 요청할 수 있을 정도라고 느낄 수 있을 만큼 말이다."

가슴 뛰는 조언을 접하고 나는 이런 생각을 하게 되었다. '나의 롤모델인 스티븐 기즈는 어떤 습관을 갖고 있을까?' 그리고 불현듯 나도 그를 철저히 연구하고 그의 생각과 행동을 알고 싶어졌다. 그런데 문제는 어떻게 스티븐 기즈의 습관을 알 수 있을까 하는 것이었다. 어떻게 그에게 조언을 구하지?

2016년 5월 8일, 무작정 그에게 이메일을 보냈다. '지금 나는 반복되는 야근 때문에 습관을 자주 빼먹는데 어떻게 하면 좋을지 조언을 해주면 좋겠다'는 부탁이었다. 그리고 놀랍게도 그로부터 답장을 받았다. 나에게 커다란 자극과 용기를 주는 이야기였다.

"만약 당신이 힘들게 일한 시간(야근)을 핑계로 댄다면, 그것은 당신의 선택입니다. 그러나 모든 사람은 그들이 중요하다고 믿는 것을 위해서는 1분을 투자할 수 있습니다."

이 답변 이후 내가 운영하는 습관홈트의 실천 보고서를 스티븐 기즈에게 이메일로 공유하고 주기적으로 조언을 받기 시작했다. 그 결과 습관 실천 보고서와 롤모델의 조언을 바탕으로 나의 첫 책인 『습관홈트』도 출간할 수 있었다.

나는 여기서 멈추지 않고 『습관의 힘』의 저자인 찰스 두히그에게도 이메일을 보내 담배를 끊는 방법에 대한 조언을 요청했고, 역시 답을 받아 그의 조언을 적극 참고하여 결국 금연에 성공했다. 롤모델

덕분에 삶이 180도 바뀌는 놀라운 행운이었다. 그를 철저하게 연구하고 그의 습관이 무엇인지 알아내고 그와 같이 생각하고 행동하려고 노력한 결과는 생각보다 훨씬 괜찮은 변화를 가져왔다.

이후 나는 습관홈트에 참여한 직장인, 주부, 교사, 대학생, 공무원 등 500명 이상의 보통 사람들 중에서 습관을 통해 변화에 성공한 사람들과 인터뷰를 진행했다. 평범했던 그들이 어떻게 다시 시작할 용기를 얻었고, 자아를 혁명하고, 하루의 시간을 달리 쓰며 새로운 목표를 세워 변화에 성공했는지 그 비밀을 공개함으로써 무기력감에 빠져 있는 어제의 나와 이별하고 싶은 수많은 사람들에게 다시 시작할 용기를 심어주고 싶었기 때문이다.

그들의 일상 속으로 들어가 하루를 관찰하고, 평범하지만 위대한 변화 성공의 노하우를 캐내려고 했다. 그들의 습관 실천 노하우가 또 다른 누군가에게는 철저한 연구대상이 될 수 있고, 그들의 생각과 행동을 따라 하고 싶은 누군가의 롤모델이 될 수 있기 때문이다.

이것이 바로 '유사성의 조건'이다. 나와 비슷한 평범한 사람의 위대한 행동을 보고 '어? 저 사람도 했는데 나도 하면 되겠구나?'라는 자신감을 얻을 수 있는 놀라운 힘이다. 그리고 그들이 다시 누군가에게 제2의, 제3의 스티븐 기즈가 되길 소망한다.

5

수능 만점 서울대 학생들,
내가 그들에게 배운 한 가지

🕐 자기주도 전문가

〈SBS 스페셜〉 '바짓바람시대—1등 아빠의 조건'에서는 서울대 재학생 중에서 수능 만점을 받은 160명을 대상으로 설문조사한 결과 한 가지 공통점을 발견했다. 그들의 공통점은 모두가 자기만의 고유한 공부방법을 스스로 터득한 '자기주도 학습의 전문가'라는 것이었다.

한 과목당 20분을 공부하고 집중력이 흐트러지자, 20분 공부 후 자세나 과목을 바꾸는 자기만의 공부법을 찾아낸 학생도 있었다. 심지어 최적의 컨디션을 유지하는 수면시간마저도 몇 시에 자고 몇 시에 일어나면 좋은지 여러 번의 테스트를 통해 찾아낸 학생도 있었다.

먼저 아직 자기주도 전문가가 아니며, 그렇게 되기 위해 노력하며 시행착오를 겪고 있는 가족부터 만나보자.

중학교 3학년인 남학생의 아버지는 치과의사이다. 그는 오후 9시에 퇴근하는데, 퇴근 전에 미리 아들에게 영어와 수학 문제를 풀게한 다음, 9시부터 11시까지 약 2시간 동안 함께 문제를 풀면서 가르치고 학습계획도 세워주고 공부법에 대한 코칭까지 해주고 있었다. 하지만 아이들이 뜻대로 따라오지 못해 자주 부딪혔다.

"진짜 하기 싫었죠." 아이는 잠시 침묵한 뒤 말을 이어나갔다.

"공부 시키는 아빠를 나쁘게 생각하는 게 아니라, 공부로 인해서 저한테 화를 내는 아빠가 싫었던 것 같아요."

하나라도 더 늦기 전에 가르치려는 아버지와 그걸 받아들이는 중학교 3학년 아들 사이에는 믿음과 자기주도성보다는 강제성이 더 커 보인다.

이번에는 다른 아버지 한 명을 만나보자. 2014년 수능 만점자인 원유석 학생은 자신을 성장시킨 아버지의 교육철학에 대해 소개했다.

그의 부모님은 고등학교 졸업장이 학력의 전부이며, 아버지는 건설현장 노동자이다. 아버지는 아들에게 어려서부터 구체적인 공부법을 가르치지는 않았지만, 옆에서 공부하는 모습을 보여주려고 노력했다. 예를 들면 매일 같은 자리에서 책을 펼쳤고, 아내와 아들과 함께 책상에 앉아서 영어사전을 펴고 하루 10쪽씩, 한 단어를 10번씩 쓰며 공부했다.

어려운 공부를 하는 아이를 혼자 방치하지 않고, 옆에서 영단어를 10번씩 쓰고 어려운 책을 3번씩 읽으면서 끝까지 포기하지 않는 의지를 보여준 것이었다. 즉, 아버지가 가르쳐준 것은 '성실한 삶의 태도'와 '좋은 습관'이었다. 이렇게 말이 아닌 행동으로 거울이 되어 준 부모님의 영향으로 원유석 학생은 학창시절 스스로 일일 시간 계획표를 짜고 매일 빼놓지 않고 100% 실천했다.

⏱ 시간관리를 익히기 위한 전략

소아과 의사인 김영훈 박사는 「시간관리를 익히기 위한 6가지 전략」이란 칼럼에서 아이들이 자기주도 전문가가 되려면 어떻게 해야 하는지 잘 설명하고 있다.

"특히 시간관리가 필요한데, 시간관리가 습관화되지 않으면 자기주도학습은 물 건너갔다고 볼 수 있다. 시간관리를 잘하기 위하여 시간을 계획하고 기록하는 일이 필요하다. (중략) 시간관리는 시간을 지배하는 것이다. 이것이 자기주도 학습의 중요한 출발점이 된다."

초등 4학년인 내 딸 은율이는 8세부터 습관 만들기를 시작해 3년 넘게 이어오고 있다. 내가 무기력하고 나태한 아빠에서 책을 읽고 좋은 습관을 실천하는 아빠로 변하니, 기적처럼 딸도 변하기 시작했다.

아이는 일주일의 습관계획을 스스로 세우고 실천할 시간까지 미리 세워놓는다. 요일별로 학교 수업이 끝나는 시간과 학원수업, 친구와의 약속 또는 생일파티, 집안의 대소사, 여행 등 개인의 일정을 감안하여 어떤 요일에 어떤 습관을 몇 시에 실천할 것인지 미리 정해놓고 자기주도적으로 시간을 관리하고 있다. 이렇게 스스로 계획을 세우고 실천하면 책임감이 커지고 성공률도 높아진다.

며칠 전에는 집안 행사로 화요일에 가는 수학학원을 빠져야 했다. 그러자 엄마에게 전화를 걸어서 월요일이나 수요일에 학원 보강수업이 몇 시에 있는지 알려달라고 했다.

미국의 심리학자이며 콜롬비아대학 NCCF의 조사연구원이었던 마고 가드너의 연구에 따르면, 2년 동안 포기하지 않고 어떤 활동에 참여한 아이들이 그렇지 않은 아이들보다 대학 입학률이 97%나 높았으며, 대학을 중도 포기하지 않고 완수할 확률은 179%나 높았다.

무언가 포기하지 않고 꾸준히 2년 이상 지속하는 아이들은 인생에서 성공할 확률이 높아진다. 어려서부터 좋은 습관을 실천하는 아이들은 스스로 약속을 지키는 아이, 포기하지 않는 아이로 성장하고, 삶의 단단한 루틴을 만들어갈 것이기 때문이다. 루틴이 만들어진 사람의 가장 큰 장점은 바로 '쉽게 무너지지 않는 사람'이 된다는 것이다.

인생은 호락호락하지 않다. 앞으로 아이들이 살아갈 세상은 더

욱 혼란스럽고 경쟁도 치열하여 홀로 험난한 세상에서 자립하는 것은 무척 고단한 일이 될 것이다. 이때 세상의 온갖 고난과 불확실한 미래에 당당히 맞서고 쉽게 무너지지 않는 사람이 되는 것은 꼭 필요한 삶의 자세이다.

따라서 아이들이 어려서부터 좋은 습관을 만들도록 부모가 도와주어야 한다. 원유석 군이 어려서부터 아버지가 성실히 삶을 살아가는 모습을 직접 보고 느끼면서 시간관리 및 자기주도 전문가가 된 것처럼, 부모가 먼저 솔선수범하여 좋은 습관을 실천해야 아이들도 따라한다.

요약하면, 서울대 수능 만점 학생들의 공통점은 자기주도 전문가라는 점이다. 그리고 자기주도 학습의 훌륭한 출발점은 시간관리 능력이며, 시간관리 능력은 매일 해야 할 일을 미리 계획하고, 계획한 시간에 맞추어 실천하면서 차근차근 습득할 수 있다.

따라서 자기주도 전문가가 되길 원한다면, 늦기 전에 좋은 습관을 실천하도록 도와주어야 한다. 그리고 아이가 좋은 습관을 실천하는 최적의 방법은 바로 부모가 먼저 실천하는 것이다. 아이들은 부모의 말이 아니라 행동을 보고 그대로 따라 하기 때문이다.

'당신은 어떤 좋은 습관이 있습니까?'

이 질문에 망설임 없이 대답할 수 있는가? 적어도 이 글을 읽고 있는 분들은 더 이상 이 질문에 대한 답을 뒤로 미루거나 회피하지 말았으면 좋겠다.

아이에게
자신감을 심어주려면

몇 달 전에 초등학교 4학년인 딸과 탁구를 친 적이 있다. 딸은 방과 후 수업으로 탁구를 처음 배우기 시작했는데, 수업을 달랑 2번 듣고는 나에게 과감히 도전장을 내밀었다. 나도 탁구만큼은 초등학교 때부터 간간히 실력을 닦아왔던 터라, 딸의 도전을 흔쾌히 받아들였다.

동네 탁구장에 의기양양하게 들어선 우리는 몇 번의 연습을 한 후 시합을 시작했다. 11점을 먼저 획득하면 이기는 단판 게임이었다. 딸은 아직 녹슬지 않은 나의 탁구 실력에 적잖이 놀란 표정이었다.

나는 경기의 수위를 조절하기로 마음먹었다. 게임에서 지면 상처받을 딸의 마음까지도 고려하면서 말이다. 수위를 잘 조절해 하다 보니 어느새 11-11로 동점이 되었다. 딸은 손에 땀이 난다며 흥미진진해했다. 동점인 경우는 2점 차까지 벌어져야 승자가 결정되기 때문에, 몇 번이나 동점과 역전을 거듭한 끝에 딸이 21-19로 이겼다. 잘 짜인 각본이었지만 소리 지르며 한껏 좋아하는 모습에 나도 기뻤다.

몇 달 후 퇴근하니 딸이 탁구 이야기를 꺼냈다. 방과 후 수업에서 탁구를 쳤는데 1등을 했다고 자랑했다. 같은 학년끼리 조를 편성한 후 3점을 먼저 획득하면 이기는 경기였다. 처음 두 명이 시합을 해서 이긴 학생은 남고, 진 학생은 도전자 줄에 서서 다시 자기 순서를 기다리는 규칙이었다. 딸은 이렇게 16번의 도전에서 연속으로 모두 이겼다고 한다. 기꺼이 축하한다고 말하면서 비결이 무엇인지 물어보자 웃으며 대답했다.

"처음엔 내가 과연 이길 수 있을까 걱정했어요. 그런데 '난 탁구에서 아빠를 이겼으니까 이번에도 할 수 있다, 이길 수 있다'라고 최면마법을 걸었더니 자신감이 생겼어요."

딸은 새로운 도전 앞에서 이처럼 최면마법을 습관처럼 사용한다고 했다. 최면마법도 습관처럼 자주 사용하니 익숙해져서 도전을 앞두고 이렇게 사용하면 스스로 자신감이 생긴다고 했다.

⏰ 자신감은 과연 무엇일까?

나는 살면서 항상 새로운 도전 앞에서 망설였다. 그 결과 좋은 기회를 놓치고 후회한 적도 많다.

학창시절에는 1등을 해도 아버지한테 칭찬을 들어본 적이 없었다. 무뚝뚝하고 무서운 아버지는 칭찬에 인색했다. 그래서인지 나는 항상 자신을 믿지 못했고 집안 형편만큼이나 자신감도 가난했다. 어른이 되어서도 새로운 도전 앞에서 임시방편으로 '나는 할 수 있다'며 스스로를 세뇌해보았지만 효과가 없기는 매한가지였다.

여러분은 어떤가? 일을 하면서 얼마 만에 자신감이 생기는가? 아마 개인차는 있겠지만, 수많은 반복을 거쳐야만 일에 자신감이 생길 것이다.

자신감은 어느 날 갑자기 하늘에서 뚝 떨어지는 감정이 아니다. 특히 어린아이들은 자신감이 부족한 것이 당연하다. 우리는 태어나면서부터 열등감을 맛보기 때문이다. 태어나서는 어른인 부모와 비교하고, 나중에는 형제자매와 비교하면서 아이 스스로 무능함을 경험한다. 세상엔 나보다 뛰어난 사람이 너무나 많다는 것을 깨닫는 데에는 그리 오랜 시간이 걸리지 않는다.

아주대 정신건강 의학과 조선미 박사는 한 강연에서 어디서든지 자기가 하고 싶은 말을 하는 아이들이 있긴 하지만, 그것은 외향적인 기질을 가지고 있어서라고 설명했다. 그리고 타고난 기질과 자신감은 다르다며 아이들이 자신감을 만들어가는 방법에 대해 이렇게 말했다.

"자신감은 부모가 만들어줄 수 있는 것이 아닙니다. 어떤 일에 익숙해질 때, 무엇인가를 반복해서 숙달되었을 때 나타나는 감정입니다. 따라서 자신감을 키워주려면 그 나이에 맞는 것을 자기 스스로 해볼 수 있는 기회를 자주 만들어, 경험할 수 있게 하는 것이 아주 중요합니다. 새로운 경험을 시킬 때는 두려움을 느끼게 되므로 부모가 적극적으로 도와주어야 합니다. 난이도가 높지 않은 일들을 반복하면서 크고 작은 성공 경험을 해보는 과정이 반드시 필요합니다."

내 딸아이는 어린 시절 부모의 돌봄을 충분히 받지 못하고 자랐다. 내가 싱가포르에서 MBA 공부를 하면서 딸도 낯선 외국 땅에서 유년시절을 보내야 했다. 엄마도 낮에는 회사에서 근무해야 했기에 지역 유치원에 맡겨졌다. 모국어인 한국말도 제대로 못 배운 상태에서 4개 외국어가 범람하는 지역 유치원에 방치되었다. 자신의 생각을 어떤 언어로도 제대로 표현하지 못하니, 점점 말수도 줄어들었고 세상을 향한 마음마저도 닫아버리게 되었다.

한국에 돌아와서도 한국말을 잘 이해하지 못해 유치원 친구들의 대화에도 쉽게 끼지 못했다. 나와 아내는 문제의 심각성을 깨닫고 틈틈이 동화책을 읽어주면서 단어와 문장에 익숙해지도록 노력했다. 수많은 한숨과 걱정이 오갔던 시절이었다. 다행히 딸은 아빠가 책을 읽고 메모하는 노트에 호기심을 갖고 따라 하기 시작하면서 자신만의 습관을 만들기 시작했고, 지금까지도 3년 넘게 매일 실천하고 있다. 일주일의 습관 계획표를 스스로 만들어 실천하고, 작은 성공 경험을 쌓아가면서 '나는 나와의 약속을 지키는 아이, 포기하지 않는 아이'라는 스스로의 정체성을 강화하고 있다.

만약 내가 몇 달 전 탁구 경기에서 이겼더라면 어땠을까? 딸은 방과 후 수업시간에 친구들과의 탁구 게임에서 자신감을 잃고 포기했을까? 아닐 것이다. 3년 동안의 습관 경험은 그렇게 연기처럼 순식간에 사라지지 않는다. 아빠에게 탁구를 이겼다는 기억이 자신감을 일으키는 촉매 역할을 했을 뿐이다. 아이는 습관을 실천하면서 경험했던 시행착오와 어려움을 극복한 다른 성공 기억이 떠올랐을 것이다. 그 성공 기억이 최면마법을 촉진시켰을 것이 분명하다.

작은 성공 경험들은 새로운 도전을 앞두고 찾아오는 불안감을 '나도 한번 도전해볼까?'라는 설레는 기분으로 바꾸는 역할을 한다. 공부해라, 방 청소하라는 부모의 잔소리가 연기처럼 사라지는 것은 덤이다. 자신감은 반복된 작은 성공 경험에서 나온다고 해도 과언이 아니다.

어떤 사람이
미래를 움직이는가?

2018년 10월에 개봉된 영화 〈업그레이드〉를 보니, 미래의 업그레이드된 인간의 모습이 눈을 사로잡았다. 특히 살해된 사람의 눈을 통해 지금까지 어떤 일이 있었는지 모든 정보를 순식간에 빼내는 모습을 보고 놀랐다.

과연 미래 사회에는 이런 일이 가능할까? 인간의 뇌에 관한 연구가 발달한다면, 다른 사람의 뇌를 서로 연결해서 직접 정보를 교환하는 기술이 머지않아 개발될 수도 있다고 생각한다. 만약 그렇게 된다면 인간의 주요 의사소통 수단인 말하기와 글쓰기의 능력은 더 이상 필요하지 않을 것 같다는 생각도 들었다.

그러나 카이스트에서 인공지능 박사 학위를 받은 문석현 박사는 『미래가 원하는 아이』에서 '말하기와 글쓰기 기술은 미래 사회에서도 여전히 가치가 있을 것이다. 아니 오히려 계속 커질 것이다'라고 한다. 그는 과거의 권력자들은 글을 함부로 못 쓰게 하고 말을 함부로 못 하게 만들어, 권력자 이외의 다른 사람의 말을 듣지 않도록 미연에 방지하려고 애를 썼다고 한다. 하지만 현대 민주주의 사회에서는 누구나 비교적 자유롭게 말과 글로 의사표현을 할 수 있으며, 이제는 말과 글이 누구에게나 무기가 되고 있다고 강조했다. 그런 의미에서 문석현 박사의 아래 주장은 깊이 새겨들어야 할 가치가 있다.

"권력을 쥔 사람이 말을 하고 글을 쓰는 게 아니라, 말을 잘하고 글을 잘 쓰는 사람이 오히려 권력(영향력)을 가지게 된다."

말을 잘하고 글을 잘 쓰는 능력은 우리 아이들에게도 매우 중요한 역량 중 하나이다. 따라서 말하기와 글쓰기의 토대가 되는 독서습관은 아무리 강조해도 지나치지 않다.

하지만 우리의 현실은 암담하다. 문화체육관광부의 '2017년 국민 독서 실태조사'에 따르면, 놀랍게도 우리나라 성인 10명 중 4명은 1년에 종이책을 1권도 읽지 않는 것으로 나타났다. 연간 독서량은 성인의 경우 평균 8.3권으로, 1994년 조사가 시작된 이래 가장 낮은 수치이다.

그렇다면 학생들은 어떨까? 2017년 학생 전체의 연간 독서량은 평균 28.6권으로 2015년에 비해 1.2권 감소했다. 특히 중학생이 되면서 평균 독서량이 급격히 하락했다. 초등학생의 독서량은 연간 67.1권이지만 중학생이 되면 18.5권으로 대폭 줄어들고 고등학생이 되면 8.8권까지 하락한다. 심각한 수준이다.

우리는 왜 이렇게 책을 읽지 않을까? 성인, 학생 모두 '일(회사, 학교, 학원) 때문에 시간이 없어서(성인 32.2%, 학생 29.1%)'라는 응답이 1위를 차지했다.

공교롭게도 내가 운영하는 습관홈트 참가자들의 하소연 중 압도적 1위 또한 '시간이 없다'이다. 구체적으로 들어가면 친구 모임, 육아, 회식, 야근, 여행, 해외출장 등 이유는 다양하지만, 근본적인 실패 이유는 '시간이 없어서'로 수렴된다. 하지만 냉정히 말하면 습관을 실천할 시간이 없었다기보다는 그 시간을 친구 모임이나 회식에 대신 사용한 것이다. 습관을 실천하기 귀찮고 싫었는데 때마침 근사한 핑곗거리가 생겨서 하지 않았다는 뜻이다.

책 읽기 어려워하는 이유 중 어른 2위, 청소년 3위를 차지한 것이 '휴대전화 이용, 인터넷, 게임 하느라'였다는 것 또한 인상적이다.

미국의 베스트셀러 작가이며 디지털 마케팅 선구자인 게리 베이너 척은 "25세에 생길 일을 22세부터 엄청나게 걱정하지만, 매일 페이스북, 블로그, 인스타그램 화면을 들여다보면서 4시간 반을 허비하고 있다"라고 경고하고 있다. 결국 이 말도 SNS를 할 시간은 4시간 반이나 있지만, 책 읽을 시간은 1분도 없다고 변명하는 우리의 현실을 잘 대변해주고 있다.

무엇보다 놀라운 사실은 학생들이 책을 읽기 어려워하는 이유 2위가 바로 '책 읽기가 싫고 습관이 들지 않아서(21.1%)'라는 것이다. 어쩌면 당연한 결과일 수 있다. 엄마아빠가 하루 4시간 반은 기꺼이 SNS에 낭비하면서 책 읽을 시간은 없다고 하소연하는데, 그들의 자녀들이 어려서부터 독서습관을 형성한다는 것은 하늘의 별 따기처럼 어려워 보인다.

뇌과학 기술이 발달한 미래 사회에서는 말하기와 글쓰기 능력의 가치가 계속 증가할 것이다. 말하기와 글쓰기는 상대방의 공감을 이끌며 자연스럽게 상대방의 생각을 조금씩 바꿔나감으로써 사회에 영향력(권력)을 미칠 수 있기 때문이다. 이렇게 미래 사회에서 인공지능과 경쟁하며 살아가야 할 아이들에게 중요한 말하기와 글쓰기 능력의 기초체력은 바로 책을 읽는 습관에서 비롯된다.

만약 여러분이 SNS에 하루 4시간 반을 소비하는 엄마아빠라면, 오늘부터 아이들 앞에서 책을 거꾸로 들고 읽더라도 하루 10분만이라도 읽는 척이라도 하길 바란다. 책 읽는 부모 밑에 책 읽는 아이들이 있다. 결국 그 아이들이 우리의 미래 사회를 움직이게 될 것이다.

부자와 가난한 사람의
차이점

🕐 비즈니스석 승객들

해외출장 때문에 비행기를 종종 타는데, 지금까지 약 17년의 직장생활에서 35개국 정도 출장을 가본 것 같다. 오래된 버킷 리스트 중 하나가 죽기 전에 '100개 나라에 가보기'인데 꼭 이루어졌으면 좋겠다.

해외출장을 가기 위해 비행기에 탑승하면 일반석으로 좌석을 배정받는다. 그런데 간혹 운 좋게도 비행기가 만석이 되면 항공사의 배려로 좌석 업그레이드를 받아 비즈니스석을 타게 될 때가 있다. 그때 나는 비즈니스석이나 1등석에 앉아 있는 승객들을 유심히 살펴보곤 한다. 김밥 파는 CEO 김승호 회장이 쓴 『생각의 비밀』이란 책에서 저자는 비즈니스석 승객들의 특별한 행동 하나를 소개하는데, 장거리 비행 시에 일반석 승객들은 대부분 영화를 즐기지만 비즈니스석 승객들은 일을 하거나 책을 읽는다는 것이다. 내가 직접 관찰한 결과, 비즈니스석 승객들 중에도 물론 잠을 자거나 영화를 즐기는 경우가 많았지만, 책을 읽거나 노트북을 켜고 업무를 보는 비율이 일반석 승객보다는 분명 높았다. 여러분도 비행기에 탑승할 경우 비즈니스석 승객들의 행동을 유심히 한번 관찰해보길 바란다.

🕐 인생을 바꾸는 부자습관

토마스 콜리가 쓴 『인생을 바꾸는 부자습관(Rich Habits)』에는 부자와 가난한 사람들의 습관을 비교한 내용이 나온다.

가장 두드러진 차이는 바로 독서습관이었다. 부자들은 88%가 하루 30분 이상 책을 읽는데, 가난한 사람은 2%만이 책을 읽었다. 비즈니스석이나 1등석의 부자들이 늘 책을 가까이하는 습관을 보면 이 조사가 신빙성이 있어 보인다.

내 눈길을 사로잡은 부자와 가난한 사람의 또 다른 습관의 차이는 바로 자녀의 습관 교육이었다. 부자들은 74%가 자녀에게 매일의 성공하는 습관을 가르치는 반면, 가난한 사람들은 고작 1%만 가르친다고 한다.

우리는 대부분 나 자신뿐만 아니라 자녀 또한 부자가 되길 원한다. 하지만 부자가 되는 것은 결코 쉽지 않다. 경제적 성공은 미국 인구의 단 5%만이 달성한다는 조사도 있다.

그렇다면 부자들은 어떻게 성공할 수 있었을까? 『인생을 바꾸는 부자습관』에 따르면, 모든 성공한 사람들은 숙련된 행운을 갖추고 있다. 저자는 어느 정도 운이 없다면 누구도 결코 성공하지 못할 것이라고 주장하면서 세상에는 4가지 종류의 운이 있다고 설명한다.

첫 번째는 '무작위적인 행운'으로 복권 당첨이나 예기치 못한 상속이 여기에 속한다. 물론 이것은 우리가 통제할 수 없는 행운이다.

두 번째는 '무작위적인 불운'으로 벼락을 맞는다거나 병에 걸리거나 교통사고를 당하는 것 등이 여기에 속한다. 이 또한 인간이 통제할 수 없는 불운이다.

세 번째는 '기회 운'이다. 이 행운은 일상 속의 좋은 습관을 통해 얻을 수 있다. 성공하는 사람들은 기회 운이 발생하도록 만들기 위해 장기간에 걸쳐 필요한 행동을 취한다. 부자가 되는 습관은 마치 기회 운을 끌어당기는 자석과 같다. 어떤 사람들은 이것을 '끌어당김의 법칙(Law of Attraction)'이라고 한다.

네 번째는 '해로운 운'이다. 해로운 운은 기회 운의 악랄한 쌍둥이다. 즉 성공하지 못한 사람들이 매일 나쁜 습관을 실천함으로써 실직, 투자 손실, 이혼 등과 같은 해로운 운의 희생양이 된다는 것이다.

이처럼 좋은 일상 속 습관은 성공의 기초이다. 성공하는 사람들과 성공하지 못하는 사람들의 일상 속 습관은 많이 다르다. 그리고 당연하게도 성공하는 사람들은 대부분 좋은 습관을 갖고 있고, 성공하지 못하는 사람들은 나쁜 습관을 갖고 있다.

성공하는 사람들의 좋은 습관을 모두 따라 하기는 힘들다. 그렇지만 '독서습관'과 '자녀에게 매일 성공하는 습관 가르치기'만이라도 실천한다면 어느덧 우리 옆에도 기회 운이 슬그머니 다가올 것이라고 믿는다.

직장생활 20년 만에 좋아하는 일이 생겼어요

예전에 같은 프로젝트를 진행했던 동료가 육아휴직을 고민하며 상담을 요청했다. 그는 아이들을 돌보며 좋은 추억을 쌓을 기회이지만 복직 후 불이익은 없을지, 일을 하지 않을 때 찾아오는 불안감은 없는지 걱정했다.

나도 6개월의 육아휴직 경험이 있기에 그와 많은 얘기를 나누었다. 두 딸과 관계도 더 좋아졌고, 하루를 공유하다 보니 아이가 무엇을 좋아하는지, 학교 친구와의 관계나 고민거리를 알 수 있었고, 아빠는 믿고 의지할 수 있는 친구 같은 사람이라는 인식을 심어준 것이 가장 큰 선물이라고 했다. 그리고 우리 회사는 복직 후 불이익은 없으니 걱정 말라고 했다. 다만, 직장 일을 하지 않을 때 찾아오는 불안감을 해소하는 방법을 강조했다.

지친 그는 육아휴직 동안 쉬고 싶다는 생각만 하고 있었다. 하지만 내 경험상 회사에 출근하지 않아도 된다는 행복감은 그리 오래 지속되지 않았다. 2주 정도 지나니 조금씩 불안감이 싹트고 점차 커지면서 압박하기 시작했다.

다행히 나는 매일 새벽에 일어나 책을 읽고 글을 쓰는 습관이 잡혀 있었기 때문에 불안감이란 줄기를 끊어낼 수 있었다. 그래서 그에게 육아휴직 기간에도 아이들이 학교나 학원에 있는 동안에는 여유 시간이 생기므로 그 시간을 어떻게 생산적으로 사용할 것인지 미리 고민하고 계획을 세우는 시간을 가져보라고 조언했다. 영어회화, 자격증 취득, 또는 은퇴 후에 무엇을 하고 싶은지 미리 고민하고 준비 시간을 갖는 것도 좋을 것 같다고 했다.

일본의 경제학자 오마에 겐이치는 사람이 변화하기 위해서는 3가지가 바뀌어야 한다고 했다. 하루 24시간을 쓰는 방법을 바꾸든가, 사는 장소를 바꾸든가, 만나는 사람을 바꾸든가.

동료는 이 말을 듣자마자 대뜸 이렇게 말했다.

"내일부터 출근시간을 2시간 앞당겨볼게요."

나는 손사래를 쳤다. 당장 그렇게 높은 목표를 세우면 뇌에 거부감이 생겨서 오래 지속하지 못하므로, 대신 10분만 일찍 출근해서 관심 분야의 책을 읽든가, 아이들과 여행하고 싶은 장소를 알아보든가,

생각의 변화를 이끌어줄 물꼬부터 터주는 일을 하라고 했다.

모든 변화가 생각에 머물지 않고 행동으로 옮겨지고 그 행동이 지속하려면 보상이 반드시 필요하다. 그 보상은 나에게 즐거움과 행복을 주는 것이어야 한다. 출근시간 2시간을 앞당기는 것은 시작도 하기 어렵지만 지속하기도 어렵기 때문에 즐거움을 주지 못하여 결국 중도 포기하게 된다.

그의 얼굴에 조금은 걱정하는 빛이 사라졌다. 이처럼 불안감은 내가 해야 할 구체적인 목표와 계획이 있다면 사라질 확률이 높다. 그는 헤어지기 전에 웃으며 말했다.

"회사에서 이런 고민을 터놓고 이야기할 사람이 없었는데, 고마워요."

나는 그와 헤어지기 전에 한 가지 약속을 했다. '앞으로 1개월 동안 변화를 위해 무엇을 할지, 한 가지 행동을 정한 후 나에게 24시간 안에 이메일 보내기'였다. 한 가지 예로 내가 추천한 책을 읽는 것도 좋은 방법이라고 했다.

이후 그는 나에게 이메일을 보내지는 않았다. 그러다 3개월여가 지났을 때쯤 그를 다시 만나게 되었다. 그는 나와 대화 후 그 내용을 아내와도 나누었고, 서점에 가서 책도 사려고 했으나 글자가 눈에 들어오지 않았다고 한다. 책 읽는 습관이 아직 만들어지지 않은 상태라 책보다는 본인이 스스로 좋아하는 것이 무엇인지 고민하기 시작했다.

'나는 과연 무엇을 할 때 즐거운가?'를 고민하면서 종이에 적어보았더니 역시 자동차 관련 일을 할 때 행복하다는 사실을 깨닫게 되었다.

그는 자동차 업계에서만 20년 넘게 일해오고 있으니 어쩌면 당연한 일일 수도 있지만, 자신이 잘하고 좋아하는 일이 무엇인지 알게 되니 목표가 생겼다. 바로 자동차 정비 기능사 합격이었다. 그리고 필기시험을 준비하며 퇴근 후 공부를 시작했다.

초등학교 3학년, 5학년 아이들의 응원을 받으며 공부한 결과 필기시험에 합격하게 되었다. 정말 오랜만에 성취감을 느꼈고 바로 실기학원에 등록하여 수업을 듣기로 결정했다. 비록 실기학원 수업을 듣기 위해 매일 퇴근 후 학원으로 갈 때는 무척 피곤하지만, 수업을 듣고 밤 10시에 집으로 운전하며 돌아오는 길은 오늘도 꿈을 위해 열심히 공부했다는 성취감과 뿌듯함을 느껴 행복했다.

그의 최종 꿈이 자동차 정비 기능사는 아니다. 중간 단계의 꿈이다. 하지만 그는 어떻게 살아야 행복한지 깨닫게 된 직장인이 되었다. 그는 지금까지 직장인의 행복은 오직 인사고과와 승진을 통해서만 채워진다고 믿고 살았고, 인정받기 위해 남들이 하지 않으려는 어려운 일을 도맡아 해왔지만, 그 대가로 업무가 난관에 부딪히고 동료와 싸우며 일하다 보니 스트레스도 많이 받았다. 심지어 주말에 아이들과 놀이공원에서 노는 중간에도 다음 주에 해야 할 일을 고민하다 보니 두통으로 고생을 많이 했다고 한다.

하지만 '나는 무엇을 할 때 즐거운가?'라는 질문을 진지하게 고민하고, 어렵게 찾아낸 개인적 꿈이 생기니 작은 생각의 변화가 찾아왔다.

이제는 회사에서 최상위 고과를 받아야 한다는 강박관념에서 벗어나 중간 고과를 받아도 괜찮다는 마음의 여유를 갖게 되었고, 업무시간에 맡은 업무를 최선을 다해 처리한 다음 퇴근 후 개인적 꿈을 위해 시간을 투자하니 더 행복했다.

업무와 개인적 꿈에 시간을 균형 잡히게 투자하자 여러 가지 긍정적인 변화가 찾아왔다. 예전에는 퇴근 후에 처리하지 못한 업무로 고민하다 우울해져서 잠자리에 들고, 피해의식에 사로잡혀 다음날 힘없이 출근해 일했지만, 지금은 개인적 꿈을 통해 성취감과 행복감을 느끼니 회사 업무도 즐거운 마음으로 처리하고 대인관계도 좋아졌다.

문득 3개월 전 그의 얼굴이 오버랩되었다. 첫 만남 때는 얼굴에 긴장감과 피로가 쌓여 있었고 이야기도 주로 내가 많이 했다. 그런데 지금은 혈색도 좋아지고 행복감이 얼굴에 퍼져 있었다. 무엇보다 환하게 웃으며 자신의 변화에 대해 설명하느라 대화의 주도권을 놓지 않았다. 나 또한 그의 달라진 생각과 태도에 큰 보람을 느꼈다.

2019년 하반기에 그는 실기시험을 보았다. 발표 전까지 걱정도 했지만 자격증 시험에 최종 합격했다. 그는 이제 다음 목표를 향해 달려가고 있다.

직장인 1인 1습관,
100일 프로젝트를 시작한 이유

🕐 모두가 꺼리는 감투

취업 포탈 인크루트가 직장인 1,206명을 대상으로 진행한 설문조사 결과, 직장인이 퇴사를 실행한 이유 중 1위는 상사·대표(21%)가 차지했고, 2위는 조직 분위기와 복리후생(13%)이 뒤를 이었다. 직장인들이 수많은 고민 끝에 실제로 퇴사를 감행하게 하는 1위는 짐작대로 인간관계에서 비롯됨을 알 수 있다.

그런데 조직 분위기와 복리후생이 13%라는 높은 수치로 2위를 차지했다는 사실은 다소 의외이다. 물론 회사가 어떤 조직문화를 가지고 있느냐는 매우 중요하다. 회사가 위기 속에서 위기를 극복할 수 있다는 자신감과 에너지는 조직 문화의 건강함 속에서 피어난다. 그리고 조직문화는 CEO와 경영진의 의지가 무척 중요하다.

마이크로소프트 3대 CEO인 사티아 나델라가 『히트 리프레시』에서 조직문화에 관해 강조한 말에서도 알 수 있다.

"나는 CEO의 C가 문화(Culture)의 약자라고 생각한다. CEO는 조직문화를 담당하는 큐레이터다. 올랜도에서 내가 직원들에게 말했던 것처럼 회사가 사명을 이루기 위해 듣고 배우고 개인의 열정과 재능을 활용하는 문화를 지녔다면 해내지 못할 일이 없다."

나는 올해 처음 조직문화 담당자로 선정되었다. 그런데 조직문화 담당자는 모두가 꺼리는 감투다. 왜냐하면 본인 업무 이외에 조직문화를 개선하기 위해 시간과 노력을 많이 투자해야 하기 때문이다. 그렇다고 조직문화가 쉽게 바뀌는 것도 아니고, 개인 고과에도 미미한 영향을 준다는 말을 많이 들었기 때문이다. 헛소문일지 모르겠으나, 조직문화 담당자로 내정된 어느 직원은 육아휴직까지 썼다고 한다.

어쨌든, 나는 2019년 한 해 동안 정말 최선을 다해 내가 할 수 있는 아이디어를 짜내 우리 팀의 조직문화 향상에 노력해왔다. 그리고 지난주에 우리 회사의 큰 연례행사 중 하나인 '2019 조직문화 우수 사례 발표회'가 열렸다. 전사에서 50개 팀이 참여했는데 우리 팀은 아쉬움은 조금 있었지만 우수상을 수상했다.

작년 우리 팀의 조직문화는 처참했다. 2018년의 조직문화 점수는 전 사에서 최저 수준이었다. 팀 자긍심도 부족했고 원활하지 못한 소통도 낮은 조직문화 점수의 주요 원인이었다.

9년 전에 신설된 우리 팀은 경력 사원 위주로 팀을 구성했다. 그렇다 보니 나이도 많고 상대적으로 직급도 높은 수준이다. 요즘은 100명의 고객이 있다면 1,000개의 시장이 있다고 말하는데, 10명의 경력사원이 있는 조직에는 10개 이상의 다양한 문화가 있다고 생각한다. 우리 팀이 그랬다. 그렇다 보니 다양한 색깔의 조직문화를 하나의 통일된 단합된 조직문화로 탈바꿈시키는 일은 무척 고되고 지난한 일이었다.

이를 대변하듯, 우리 팀이 신설된 초기에는 이직률도 최고 수준이었고, 팀 행사 참여율도 저조했다. 기존 회사에서 승승장구하던 경력 사원들이다 보니 우월감도 높아서 팀원끼리 경쟁만 하고 상호신뢰 및 소통도 부족했다. 작년뿐만 아니라, 2011년 신설된 후 9년 동안 올해 처음 본선에 진출할 정도로 우리 팀의 조직문화는 형편없는 수준이었다.

그럼에도 불구하고, 올해 초에 팀장님과 머리를 맞대고 조직문화를 향상시킬 전략을 고민했고 결국 해답은 기본 지키기와 소통이란 결론을 내리고 바로 실행에 옮기기 시작했다. 관련 워크숍, 동아리 모임, 전화 예절 지키기 등 다양한 활동을 실시했다. 예를 들어 동료들의 전화 통화 시 소음으로 업무 몰입도가 떨어지고 스트레스를 받는 경우가 많아서 '전화 예절 지키기' 캠페인을 했다. 슬로건으로 '당신의 목소리를 낮추면, 동료의 스트레스도 낮아집니다. 긴 통화는 회의실에서' 라고 정했고 헤드셋을 지급하여 통화 시 소음을 줄이는 데 주력했다.

그리고 1인 1습관 100일 프로젝트도 했다. 각자 좋은 습관 1개를 정해서 매일 실천하고 습관 달력에 도장을 100일 동안 찍는 프로젝트다. 그 결과, 1인 1습관 100일 프로젝트는 사내 방송에도 소개되었다. 전화 예절 지키기 및 1인 1습관 100일 프로젝트는 회사 전체의 조직문화 우수 사례에 선정되기도 했다.

무엇보다도 2019년 조직문화 점수는 전년 대비 12%나 상승하였다. 조직문화 우수 사례 발표에서 2등을 차지하자, 동료들의 반응도 놀라웠다.

과거엔 우리 팀이 뭘 해도 1회전에서 탈락하거나 수상을 한 적이 없어서 패배주의에 젖어 있었는데, 올해는 동료들의 반응이 180도 달라졌다. 조직문화 발표회가 끝난 뒤 행사장에서 마주한 동료들은 나에게 '자랑스럽다. 아깝게 1등 놓쳐서 아쉽다. 수고 참 많았다. 우리 팀도 하면 1등 할 수 있겠단 생각이 들었다' 등 응원과 격려의 따뜻한 말을 웃으며 건네주었다.

팀장님도 조직문화 담당자인 나의 아이디어를 적극 밀어주시고 지원을 아끼지 않았기에 가능했던 결과였다.

그러나 앞으로 할 일도 많다. 관계 철학자 마르틴 부버에 따르면, 우리가 세상을 대하는 태도는 2가지가 있다고 한다. 한 가지는 '나와 그것', 그리고 다른 한 가지는 '나와 너'의 관계이다.

나와 그것의 관계는 나를 우위에 두고 상대를 수단으로 생각하며 일정한 거리를 두는 관계를 말한다. 반면에 나와 너의 관계는 나의 전 인격을 기울여 상대와 마주 대하는 관계를 말한다. 우리 팀은 전년 대비 조직문화 점수가 12% 상승했으나 전체 평균 점수에는 턱없이 부족하다. 2020년에는 나와 그것의 관계를 나와 너의 관계로 치환하는 한 해가 되도록 분발해야 할 숙제가 남아 있다.

은퇴 후 나는 무엇으로
돈을 벌 수 있을까?

'N잡러 시대'라고 한다. 여러 개의 직업을 가진 사람들이 늘어나고 있다. 직장인이면서 유튜버인 사람, 여러 사업을 운영하는 CEO이면서 팟캐스트도 하고 책도 출간한 사람, 엄마이면서 팟캐스터, 강연가인 사람 등 우리 주변엔 여러 개의 직업을 가진 사람이 이미 차고 넘친다. 하지만 N잡러는 비단 젊은 사람의 전유물이 아니다. 직장인이 은퇴하는 순간 우리는 모두 N잡러가 되어야 생계를 유지할수 있다.

직장인의 장점 중 하나는 하루종일 한 가지 직업에만 몰두하면된다는 것이다. 사무직이든 생산직이든 영업직이든 보통 오전 9시부터 오후 6시까지 정해진 시간에 정해진 업무를 처리하면 된다.

그러나 은퇴 후 세상 밖으로 나오면 이야기는 달라진다. 직장의 울타리가 사라진 세상은 마치 약육강식의 정글과도 같다. 한 가지 일만 해서는 기초생활자금도 마련하지 못할 수도 있다. 운 좋게 오전에 편의점에서 아르바이트를 한다면 오후엔 택배일, 저녁엔 야간경비일을 해야 겨우겨우 먹고살 수 있을 것이다.

그렇다면 이런 시대에 우리는 어떤 준비를 하고 있을까?

예전 직장동료였던 정 과장은 10년 동안 한 회사만 다녔다. 그러다 몇 년 전부터 무기력에 빠졌다. 매일 반복되는 업무, 매일 똑같은 상사와 동료들과 생활하다 보니 자연스럽게 직업적 권태기가 온 모양이었다. 매일 아침 출근해서 회의하고 보고서를 만들고 야근하고 퇴근하는 무미건조한 지금의 직장을 벗어나고 싶어 했다.

나는 정 과장의 고민에 짧은 경험과 지식으로 조언을 해주었다. 그가 내게 직접적으로 조언을 해달라고 요청하지도 않았는데, 이런 상황에 익숙한 내 직감으로 멋대로 판단한 것이다. 그러자 내가 열정을 다해 설명할수록 그는 지겨운 듯했다. 뭔가 조언의 방법이 잘못된 것 같았다. 그때 깨달았다.

'내 말이 잔소리처럼 들리나 보다. 아! 난 아직 부족하구나.'

차라리 그가 마음이 내킬 때 차분히 읽어볼 책을 추천해주는 것이 효과적일 것 같았다. 그래서 당시 읽었던 책 중에서 정 과장에게 도움이 될 만한 『부의 추월차선』을 추천해주었다.

며칠 뒤 사내식당에서 정 과장을 우연히 마주쳤다. 그는 내게 엄지를 척 치켜세우며 웃었다. 뭔가 분위기가 잘되어가고 있음을 직감했다. 우리는 그 책에 대해 10분 정도 얘기를 나눴고, 그는 두 번째 책을 추천해달라고 했다.

놀랍게도 정 과장은 내가 추천한 책을 읽고 3개월 만에 회사에 사표를 냈다. 사표를 내는 날 그는 환하게 웃었다. 그리고 이후 그는 오래전부터 꿈꿔왔던 미국 시민권을 얻기 위해 미국의 한 전자부품 회사에 취업했고, 지금은 미국에서 잘 살고 있다. 그런데 정 과장이 미국에서 직업을 구한 것이 순전히 운이었을까? 그럴 리가.

정 과장은 자신의 목표를 이루기 위해 10년 동안 먼지만 쌓여 있던 이력서를 업데이트했고, 잠자는 시간을 줄여가며 매일 미국 취업 사이트를 방문해서 여러 회사의 지원 자격 요건을 꼼꼼히 정리하고 지원서를 작성했다. 면접을 준비하기 위해서 영어공부도 꾸준히 했다. 10년 동안 한 회사만 다녀서 직업적 권태기에 빠졌던 정 과장은 책 한 권으로 전혀 다른 사람이 되어버렸다.

그런데 우리가 정 과장의 이야기에서 얻어야 할 점은 무엇일까? 독서가 중요하니 책을 읽어라? 아니면 꿈을 찾아 떠날 결심을 했으면 매일 꾸준히 습관처럼 준비를 철저히 해라? 모두 아니다.

내가 강조하고 싶은 주제는 바로 '내 인생의 포트폴리오 직업 만들기'에 관한 것이다. 포트폴리오 직업은 평균 수명이 늘어나 퇴직 후 약 30년은 버텨야 하는 시대에 가장 적합한 전략이다.

포트폴리오 직업은 현존하는 직업일 수도 있지만 반드시 그렇지 않아도 된다. 어쩌면 기존 직업들은 역사 속으로 사라질 수도 있으니 내가 스스로 만들어낸 새로운 직업이 더 적합할 수도 있다.

우리는 언젠가는 은퇴를 해야 한다는 사실을 잘 알고 있고, 이 냉혹한 현실뿐만 아니라 그 시기가 점점 다가오고 있다는 것 또한 잘 알고 있다. 하지만 정작 깊은 고민 후 행동으로 옮기는 사람은 극히 드물다. 그 해답을 찾는 과정이 너무나 힘들기 때문이다.

은퇴 후 어떤 일을 하면서 돈을 벌 수 있을지, 긴 하루를 어떻게 보내야 할지 고민해보지만 쉽게 답이 나오지 않는다. 그렇다 보니 결국 '뭐 어떻게든 되겠지~'라고 애써 자신을 위로하며 내일의 자신에게 이 고민을 떠넘긴다.

나도 예외는 아니었다. 다만 나는 지루한 고민의 반복을 피해 도망가지 않았고, 오늘도 그 고민과 함께 살아가고 있다. 그런 의미에서 '내 인생의 포트폴리오 직업 만들기'에 관한 내 고민의 흔적을 소개하고자 한다.

나는 첫 번째 직업으로 '대한민국 1호 습관 조력자'가 되어 습관 관련 책을 꾸준히 출간하고 강연하는 직업을 만들어가고 있다. 제2호, 제3호 습관 조력자를 양성하기 위해 '좋은 습관 아카데미'를 운영하는 것도 꿈 중 하나이다. 하지만 이 한 가지 직업만으로는 충분하지 않을 수도 있다. 그래서 두 번째 직업으로 정 과장의 사례처럼 북코치(북멘토)가 되고자 책을 읽고 글 쓰는 습관을 매일 꾸준히 실천하고 있다. 불안정한 미래를 걱정은 하지만 실천 앞에서 망설이는 수많은 직장인들에게 각자의 상황에 맞는 최적의 책을 추천하고 코칭을 해주어 꿈과 목표를 다시 설계하는 시간을 갖도록 돕고 싶다. 그래서 아들러 심리학도 공부하고 있다. '우리는 능력이 있지만, 다만 지금 목적이 좌절되어 낙담한 상태에 있다'고 용기를 불어넣어주는 아들러의 철학에 매료되었고, 그의 철학이 사람들이 새로운 꿈과 목표를 설계하도록 돕는 데 도움이 될 것이라 확신하기 때문이다.

세 번째 직업으로는 라디오 DJ가 되어 보통 사람들의 마음에 도전의 불꽃이 다시 타오르도록 돕는 불쏘시개 역할을 하고 싶다. 좋은 습관을 실천하는 보통 사람들의 변화 성공 이야기, 그들과의 인터뷰를 방송으로 내보내고 싶다. 우리와 비슷한 보통 사람들이 습관을 통해 변화에 성공한 이야기는 분명 많은 사람들에게 공감을 얻을 것이라 생각한다.

세상은 참으로 빠르게 변화하고 있다. 그리고 우리도 세상의 변화에 발맞추어 변화에 성공해야 한다. 그래야 N잡러 시대에 여러 개의 일을 할 수 있고 돈을 벌 수 있다. 특히 은퇴 후의 삶에 대하여 미리 준비해야 한다. 은퇴는 먼 미래의 이야기 같지만 점점 당겨지고 있고, 우리는 점점 나이들고 있다. 그러니 하루라도 젊었을 때 '내 인생의 포트폴리오 직업 만들기'를 고민하는 것이 꼭 필요하다.

꿈을 위해 서둘러
퇴사하려는 당신에게

나는 한때 이직을 밥 먹듯 했다. 내가 다녔던 직장은 다양하다. 벌써 직장생활을 한 지도 17년이 되었고 지금은 대기업에서 일하고 있지만, 예전에는 중소기업부터 대기업, 해외인턴, 해외 주재원, 외국계 기업까지 다양한 곳에서 일을 했다.

그런데 나는 왜 이렇게 회사를 많이 옮겼을까? 첫 직장을 1년도 못 채우고 대책 없이 무작정 사표를 던진 것이 가장 큰 원인이었다.

대기업이었던 첫 직장에서는 영업관리 업무를 담당했는데, 건설 분야 회사였기에 아파트 건설 현장 소장들로부터 긴급 납품 독촉과 욕설도 많았고, 거기에서 벗어나고자 회사 공장 직원들과 오더의 생산

일정을 앞당기기 위해 밤낮으로 싸우다 보니 너무 지쳐버렸다. 그래서 이직할 회사를 확정하지도 않고 무작정 차가운 거리로 걸어나왔다. 그 때는 젊었고 청년실업이 심각한 상태도 아니었으며 10개월 동안 월급 으로 받은 돈도 통장에 있었기 때문에 막연한 자신감이 있었다.

하지만 세상은 내 마음대로 움직여주지 않았다. 통장 잔고가 조 금씩 바닥을 드러내면서 조급해지기 시작했다. 조급해지면 불안해지 고, 불안해지면 결단력이 흔들리고 악수를 두는 경우가 많다.

결국 마음에 들지는 않지만 가장 먼저 합격한 회사에 무작정 들 어갔다. 하지만 입사 때부터 마음에 들지 않았던 회사에서 오래 버티 기란 쉽지 않았다. 얼마 버티지 못하고 다시 나와 거리를 방황하기 시작했다. 정신을 차리고 다시 회사를 다니기까지 몇 번이나 입사와 퇴사를 반복했다. 그 모든 악순환의 첫 시작은 바로 조급함이었다.

지금은 안정적으로 회사를 다니고 있지만, 내 꿈인 '대한민국 1 호 습관 조력자'로서 더 빨리 성장하고 싶은 욕심 때문에 하루라도 빨리 그만두고 싶은 유혹에 흔들릴 때도 많다. 물론 언젠가는 다시 홀로서기를 해야 할 운명은 나뿐만 아니라 모든 직장인의 숙명이다.

그래서 직장인이라면 누구나 한 번쯤은 이런 고민을 해보았을 것이다. 직장을 다니며 창업을 해야 할까? 아니면 창의적인 아이디 어를 현실로 만들려면 시간과 에너지를 집중해야 하니 빨리 회사를 그만둘까 하고 말이다.

내 생각은 전자이다. 직장을 다니며 창업을 단단히 준비하고 고정적인 수입이 발생할 때까지 퇴사를 미루어야 한다고 생각한다. 지루하고 고단한 여정임을 잘 안다. 하지만 내 경험을 반추해보더라도, 정도의 차이는 있겠지만 누구나 불안하면 창의적인 생각을 하지 못하고 걱정에 사로잡혀 전전긍긍하게 된다.

『콰이어트』의 저자 수전 케인도 이런 생각에 힘을 실어준다.

"하고 싶은 일을 하며 사는 삶(지출의 시기)을 위한 가장 중요한 조건은 기댈 수 있는 '재정적 쿠션'을 만드는 것이다. 돈이 없으면 모든 것이 불안해진다."

애덤 그랜트의 『오리지널스』에도 이를 뒷받침할 수 있는 사례가 소개된다. 경영연구자 조지프 라피와 지에 펭이 20~50대 기업가 5,000명을 추적 조사한 결과는 놀라웠다.

'직장을 계속 다닌 창업가들이 그만둔 창업가들보다 실패 확률이 33% 낮았다.' 한 분야에서 안정감을 확보하면 다른 분야에서는 자유롭게 독창성을 발휘할 수 있기 때문이다. 경제적으로 안정되면 어설프게 쓴 책을 조급하게 출간하거나, 조잡하게 만든 예술품을 헐값에 팔아야 하는 중압감에서 벗어날 수 있다.

가장 혁신적인 기업가들도 창업 뒤에 계속 직장을 다녔다고 한다. 구글의 창립자 래리 페이지와 세르게이 브린은 1996년에 인터넷 검색 기능을 획기적으로 향상했음에도, 2년 뒤에야 스탠퍼드대학원을 휴학하기로 결정했다.

『유혹하는 글쓰기』를 쓴 스티븐 킹은 첫 작품을 쓰고 나서도 교사, 건물 관리인, 주유소 직원으로 7년 동안 일을 계속했다. 내 스승이셨던 구본형 작가도 마흔셋에 쓴 첫 책『익숙한 것과의 결별』이 많이 팔렸음에도 회사를 계속 다녔다. 그리고 스스로에게 '매년 책을 낼 수 있다면 나는 나와도 돼'라고 다짐하며 매일 새벽에 글을 쓰고 출근했다. 그리고 약속한 대로 1년마다 한 권씩 총 3권을 더 출간하고서야 3년 뒤 회사를 나왔다. 그는 인터뷰에서 성공 비결을 묻는 질문에 다음과 같이 답했다.

"큰 것 하나를 노리지 마라. 몇 년 후 뭐가 되기 위해 차곡차곡 일을 만들고 교두보를 만들어야 한다. 제일 중요한 것은 좋은 습관을 만드는 것이다. 세월이 지난다고 해서 뭐가 되는 게 아니다. 매일 뭔가를 정해야 한다. 나를 가장 안정적으로 만들어준 것은 새벽에 매일 2~3시간 글 쓰는 것이었다. 그 결과 매년 책이 나왔다."

구본형 작가의 성공 비결은 바로 직장을 다니며 매일 새벽 출근 전에 2~3시간씩 글을 썼기 때문이다. 이 좋은 습관이 그를 안정적으로 만들고, 글쓰기의 창조적인 활동에 조급함을 없애주는 역할을 했다. '나다움'을 찾는 것은 우리 삶에서 매우 중요한 숙제이다. 내 안에 무엇이 잠들어 있는지, 무엇을 하고 싶은지 알아내야 나답게 살수 있다. 하지만 운 좋게 그것을 찾았다 하더라도 고정수입을 만들기 전에는 밥벌이로 지금 하고 있는 일을 섣불리 그만두어서는 안 된다. 그렇지 않으면 조급함이 밀려올 것이고, 우리는 불안에 떨며 어설픈 작품을 세상에 내놓고 후회하게 될 것이다.

안전지대를 넘어서

오늘도 어김없이 핸드폰 알람 소리가 울린다.

내 마음은 갈등을 하기 시작한다. '일어날까? 아니면 좀 더 잘까?' 오늘은 머리도 아프고 어제 잠들기 전에 먹은 빵 때문에 속도 더부룩하다. 아내와 두 딸은 아직 침대 속에서 평화롭게 잠들어 있다. 나도 가족 옆에서 좀 더 자고 싶다는 생각이 울컥 올라온다. 그렇지만 나는 새벽 루틴을 지키기 위해 몸을 일으켜 화장실로 들어가 세수를 하고 서재로 들어와 글을 쓴다.

우리는 안전지대에 머물러 있기를 갈망한다. 인간의 본성이라고 생각한다. 안전지대란 대다수의 사람이 선호하는, 편안하고 익숙하고 안정감을 느끼는 심리적 가상 공간이다. 이 심리적 공간 속에서 인간은 평상시에 하던 일을 하면서 익숙함을 느끼고, 스트레스도 덜 받고 덜 불안하며 행복감을 느낀다. 그래서 인간은 안전지대에 오래도록 머물고 싶어 한다. 왜냐하면 안전지대 안에서는 우리가 이미 가지고 있는 능력과 실력만으로도 모든 일을 쉽고 빠르게 처리할 수 있기 때문이다.

하지만 인간의 성장과 성공은 대부분 안전지대 밖에서 이루어진다. 안전지대는 말 그대로 안전하고 평화로울 수 있지만, 그 대가로 성장은 밧줄로 묶어 지하창고에 넣어두어야 한다. 따라서 우리가 인생에서 간절히 바라는 목표를 달성하려면 안전지대를 벗어날 용기가 필요하다.

미국의 작가이며 강연가인 댄 블루웨트는 안전지대(Comfort zone), 학습지대(Learning zone), 공포지대(Panic zone)라는 개념을 제시했다. 핵심은 우리가 성장하기 위해선 안전지대에서 살짝 벗어나 학습지대로 들어가야 한다는 것이다. 그곳에서 비로소 기적이 일어나기 때문이다. 다만 주의할 사항은 처음부터 욕심을 부려 학습지대를 건너뛰고 공포지대로 들어간다면, 낙담하고 중도 포기할 가능성이 높다는 것이다.

이 얼마나 놀라운 연결성인가? 이 지점이 바로 내가 작은 습관을 강조하는 이유와 일치하는 부분이다. 게으르고 나태했던 어제까지의 삶을 버리고 변화된 삶을 꿈꾸는 우리는 빠른 성공을 원한다. 때로는 조급해한다. 그래서 무리하게 계획을 세운다. 자신의 열정을 그만큼 맹신하기 때문이다.

예를 들어 1년 동안 책 100권 읽기, 10억 모으기, 체중 20kg 감량 같은 큰 목표는 체면은 세울 수 있을지 몰라도 우리를 공포지대로 밀어넣는 목표들이다. 인간은 이런 공포를 느끼면 다시 안정감을 느끼는 안전지대로 도망가고 싶어 하고 포기하게 된다. 이처럼 안전지대를 벗어나 학습지대를 건너뛰고 공포지대로 진입하는 실수를 반복하기 때문에 삶의 변화가 멀리 느껴지는 것이다.

반면에 우리가 조금만 움직여 안전지대를 벗어나 학습지대에 들어가면, 이곳에서 대부분의 성장과 실력이 향상되는 기적을 만들어낼 수 있다. 학습지대는 안전지대에 해당하는 공간에서 조금 벗어난 적정불안 상태의 공간을 일컫는다. 피터 홀린스가 쓴 『어웨이크』에 따르면, 긴장이 생겼지만 감당할 수 있을 정도의 중간지대에 있을 때 이 상태를 '적정불안'이라고 한다.

적정불안은 안전지대 밖으로 우리를 꺼내줄 고마운 감정이다. 이 적정불안은 안전지대에서 단 몇 걸음 바깥에 위치한다. 이 불안상태에서는 실행력이 높아질 정도로만 스트레스를 받고, 생산성이 떨어질 만큼 고통스럽지는 않기에 최대의 성과를 낼 수 있다.

어떤 이는 이런 논리를 펼칠 수 있다. "난 성장과 발전엔 관심이 없어요. 자기계발이란 말만 들어도 멀미가 나요. 그냥 지금처럼 안전지대에 머물면서 작은 행복을 느끼는 것으로 충분히 만족해요."

그러나 과연 안전지대는 영원히 안전할까? 세상은 빠르게 변하고 있는데 나만 안전지대에 꼭꼭 숨어 지낸다면 어떨까? 아마 멀지 않은 미래에 경쟁에서 뒤처지고 일자리를 잃게 될 것이다.

2016년 1월 스위스 다보스에서 진행된 세계경제포럼(WEF)은 '일자리의 미래'라는 보고서를 발표했는데, 이 보고서에 따르면, 2016년 초등학교에 입학한 어린이들의 약 65%는 현존하지 않는 새로운 직업을 얻어 일하게 될 것이며 그 원인은 바로 4차 산업혁명이라고 언급했다. 즉, 우리는 세상이 변하는 속도에 발맞추어 변하지 않으면 살아남기 힘든 세상에 살고 있다. 한마디로 변화는 살아 있는 모든 것들의 숙명이 되었다. 우리는 안전지대가 더 이상 안전하지 않은 세상에서 살아가고 있는 것이다.

세네카는 변화에 대처하는 지혜를 다음과 같이 강조했다.

"군인이라면 평화로운 날에 작전 행동을 취하고, 적이 보이지 않을 때 참호를 파고 노역을 하여 나중에 피할 수 없는 노역을 마주했을 때 감당할 수 있도록 하라. 위기가 찾아왔을 때 흔들리지 않으려면 위기가 오기 전에 단련해야 한다."

안전지대가 나쁜 곳이라는 이야기는 아니다. 우리는 언제든 안정을 찾고 활력을 재충전할 장소가 필요하기 때문이다. 하루 24시간 동안 학습지대에 머문다면 에너지는 금세 고갈되고 우리는 지쳐 쓰러질 것이다. 하지만 하루 종일, 1년 내내 안전지대에 머무르기만 한다면 어떨까? 편안하고 안정적인 상태로 오랜 시간을 보내고 나면 현재 상태에 만족하고 나태해질 것이 자명하다. 목표를 이루고자 하는 노력을 중단할 것이고 우리가 인생에서 원하는 것들을 손에 넣을 수 없을 것이다.

흐르는 물 위에서 노를 젓지 않고 가만히 있으면 우리가 타고 있는 배는 뒤로 밀려나게 되어 있다. 그리고 인생에서 이루고자 하는 것들은 대부분 안전지대 밖에 존재한다. 안전지대도 더 이상 안전하지 않다. 그러니 하루라도 빨리 적정불안이 있는 학습지대로 용기를 내어 첫 발걸음을 옮겨야만 한다.

기적이 당신을 기다리고 있는 그곳으로.

→90일
습관
달력

90일 습관 달력

습관 목록	시간(분)	Why this habit?	대체 습관
1.			
2.			
3.			

GATE 1
작심삼일

	1	2	**3**	4	5	6	7
날짜	(/)	(/)	(/)	(/)	(/)	(/)	(/)
실천							
나의 보상 계획							

	8	9	10	11	12	13	14
날짜	(/)	(/)	(/)	(/)	(/)	(/)	(/)
실천							
나의 보상 계획							

	15	16	17	18	19	20	21
날짜	(/)	(/)	(/)	(/)	(/)	(/)	(/)
실천							
나의 보상 계획							

GATE 2
뇌가 새로운 행
동을 기억하는
데 필요한 시간

90일 습관 달력

습관 목록	시간(분)	Why this habit?	대체 습관
1.			
2.			
3.			

	22	23	24	25	26	27	28
날짜	(/)	(/)	(/)	(/)	(/)	(/)	(/)
실천							
나의 보상 계획							

	29	30	31	32	33	34	35
날짜	(/)	(/)	(/)	(/)	(/)	(/)	(/)
실천							
나의 보상 계획							

	36	37	38	39	40	41	42
날짜	(/)	(/)	(/)	(/)	(/)	(/)	(/)
실천							
나의 보상 계획							

90일 습관 달력

습관 목록	시간(분)	Why this habit?	대체 습관
1.			
2.			
3.			

	43	44	45	46	47	48	49
날짜	(/)	(/)	(/)	(/)	(/)	(/)	(/)
실천							
나의 보상 계획							

	50	51	52	53	54	55	56
날짜	(/)	(/)	(/)	(/)	(/)	(/)	(/)
실천							
나의 보상 계획							

	57	58	59	60	61	62	63
날짜	(/)	(/)	(/)	(/)	(/)	(/)	(/)
실천							
나의 보상 계획							

90일 습관 달력

습관 목록	시간(분)	Why this habit?	대체 습관
l.			
2.			
3.			

GATE 3
몸이 새로운 행동에 익숙해지
는 데 필요한 시간

	64	65	**66**	67	68	69	70
날짜	(/)	(/)	(/)	(/)	(/)	(/)	(/)
실천							
나의 보상 계획							

	71	72	73	74	75	76	77
날짜	(/)	(/)	(/)	(/)	(/)	(/)	(/)
실천							
나의 보상 계획							

	78	79	80	81	82	83	84
날짜	(/)	(/)	(/)	(/)	(/)	(/)	(/)
실천							
나의 보상 계획							

90일 습관 달력

	습관 목록	시간(분)	Why this habit?	대체 습관
1.				
2.				
3.				

	85	86	87	88	89	**GATE 4** 습관의 완성 **90**	습관의 지속 91
날짜	(/)	(/)	(/)	(/)	(/)	(/)	
실천							
나의 보상 계획							

	92	93	94	95	96	97	98
날짜	(/)	(/)	(/)	(/)	(/)	(/)	(/)
실천							
나의 보상 계획							

	99	100	101	102	103	104	105
날짜	(/)	(/)	(/)	(/)	(/)	(/)	(/)
실천							
나의 보상 계획							

90일 습관 달력

습관 목록	시간(분)	Why this habit?	대체 습관
1.			
2.			
3.			

습관의 지속

	106	107	108	109	110	111	112
날짜	(/)	(/)	(/)	(/)	(/)	(/)	(/)
실천							
나의 보상 계획							

	113	114	115	116	117	118	119
날짜	(/)	(/)	(/)	(/)	(/)	(/)	(/)
실천							
나의 보상 계획							

	120	121	122	123	124	125	126
날짜	(/)	(/)	(/)	(/)	(/)	(/)	(/)
실천							
나의 보상 계획							

90일 습관 달력

습관 목록	시간(분)	Why this habit?	대체 습관
1.			
2.			
3.			

습관의 지속

	127	128	129	130	131	132	133
날짜	(/)	(/)	(/)	(/)	(/)	(/)	(/)
실천							
나의 보상 계획							

	134	135	136	137	138	139	140
날짜	(/)	(/)	(/)	(/)	(/)	(/)	(/)
실천							
나의 보상 계획							

	141	142	143	144	145	146	147
날짜	(/)	(/)	(/)	(/)	(/)	(/)	(/)
실천							
나의 보상 계획							

90일 습관 달력

습관 목록	시간(분)	Why this habit?	대체 습관
1.			
2.			
3.			

습관의 지속

	148	149	150	151	152	153	154
날짜	(/)	(/)	(/)	(/)	(/)	(/)	(/)
실천							
나의 보상 계획							

	155	156	157	158	159	160	161
날짜	(/)	(/)	(/)	(/)	(/)	(/)	(/)
실천							
나의 보상 계획							

	162	163	164	165	166	167	168
날짜	(/)	(/)	(/)	(/)	(/)	(/)	(/)
실천							
나의 보상 계획							

90일 습관 달력

습관 목록	시간(분)	Why this habit?	대체 습관
1.			
2.			
3.			

습관의 지속

	169	170	171	172	173	174	175
날짜	(/)	(/)	(/)	(/)	(/)	(/)	(/)
실천							
나의 보상 계획							

	176	177	178	179	180	181	182
날짜	(/)	(/)	(/)	(/)	(/)	(/)	(/)
실천							
나의 보상 계획							

	183	184	185	186	187	188	189
날짜	(/)	(/)	(/)	(/)	(/)	(/)	(/)
실천							
나의 보상 계획							

참고문헌

강신주, 『강신주의 감정수업』, 민음사, 2013.

강원국, 『대통령의 글쓰기』, 메디치, 2014.

게리 채프먼, 황을호 역, 『5가지 사랑의 언어』, 생명의말씀사, 2010.

게리 켈러, 구세희 역, 『원씽』, 비즈니스북스, 2013.

공병호, 『습관은 배신하지 않는다』, 21세기북스, 2011.

구본형, 『나에게서 구하라』, 김영사, 2016.

구본형, 『낯선 곳에서의 아침』, 을유문화사, 2007.

구본형, 『마흔세 살에 다시 시작하다』, 휴머니스트, 2007.

박웅현, 『여덟 단어』, 북하우스, 2013.

구본형, 『익숙한 것과의 결별』, 을유문화사, 2007.

기시미 이치로, 전경아 역, 『미움받을 용기』, 인플루엔셜, 2014.

기시미 이치로, 전경아 역, 『아들러에게 인생을 묻다』, 한스미디어, 2015.

김난도 외, 『트렌드 코리아 2020』, 미래의 창, 2019.

김상운, 『왓칭』, 정신세계사, 2011.

김성준, 『조직문화 통찰』, 클라우드나인, 2019.

김승호, 『생각의 비밀』, 황금사자, 2015.

나인수, 『내가 이걸 읽다니!』, 유노북스, 2017.

노주선, 『감정 존중』, 플랜비디자인, 2019.

단희쌤(이의상), 『마흔의 돈 공부』, 다산북스, 2019.

대니얼 길버트, 서은국 역, 『행복에 걸려 비틀거리다』, 김영사, 2006.

데일 카네기, 강성복 역, 『데일 카네기 자기 관리론』, 리베르, 2009.

레이 힐버트, 토드 홉킨스, 신윤경 역, 『청소부 밥』, 위즈덤하우스, 2006.

로버트 마우어, 미셸 기포드, 원은주 역, 『두려움의 재발견』, 경향BP, 2016.

로버트 마우어, 장원철 역, 『아주 작은 반복의 힘』, 스몰빅라이프, 2016.

로버트 치알디니, 황혜숙 역, 『설득의 심리학』, 21세기북스, 2013.

마이클 A. 싱어, 김정은 역, 『될 일은 된다』, 정신세계사, 2016.

멜 로빈스, 정미화 역, 『5초의 법칙』, 한빛비즈, 2017.

모치즈키 도시타카, 은영미 역, 『보물지도』, 나라원, 2009.

문석현, 『미래가 원하는 아이』, 메디치미디어, 2017.

보도 섀퍼, 원유미 역, 『열두 살에 부자가 된 키라』, 을파소, 2014.

브라이언 트레이시, 서사봉 역, 『백만불짜리 습관』, 용오름, 2005.

수잔 케인, 김우열 역, 『콰이어트』, 알에이치코리아, 2012.

스티븐 기즈, 구세희 역, 『습관의 재발견』, 비즈니스북스, 2014.

신영복, 『강의-나의 동양고전 독법』, 돌베게, 2004.

안데르스 에릭슨, 로버트 풀, 강혜정 역, 『1만 시간의 재발견』, 비즈니스북스, 2016.

알프레드 아들러, 김문성 역, 『아들러 심리학 입문』, 스타북스, 2015.

알프레드 아들러, 변지영 역, 『항상 나를 가로막는 나에게』, 카시오페아, 2014.

알프레드 아들러, 홍혜경 역, 『아들러의 인간이해』, 을유문화사, 2016.

알프레드 아들러, 오구라 히로시, 박미정 역, 『인생에 지지 않을 용기』, 와이즈베리, 2014.

애덤 그랜트, 홍지수 역, 『오리지널스』, 한국경제신문사, 2016.

앤디 앤드루스, 이종인 역, 『폰더 씨의 위대한 하루』, 세종서적, 2011.

앤절라 더크워스, 김미정 역, 『그릿』, 비즈니스북스, 2016.

엠제이 드마코, 신소영 역, 『부의 추월차선』, 토트, 2013.

오마에 겐이치, 홍성민 역, 『난문쾌답』, 흐름출판, 2012.

오프라 윈프리, 송연수 역, 『내가 확실히 아는 것들』, 북하우스, 2014.

윌리엄 브리지스, 김선희 역, 『내 삶에 변화가 찾아올 때』, 물푸레, 2006.

유근용, 『메모의 힘』, 한국경제신문, 2017.

유성은, 유미현, 『성공하는 사람들의 시간관리 습관』, 중앙경제평론사, 2013.

이민규, 『실행이 답이다』, 더난출판사, 2011.

이안 로버트슨, 이경식 역, 『승자의 뇌』, 알에이치코리아, 2013.

이지성, 『꿈꾸는 다락방』, 국일미디어, 2009.

임은희, 『5초 실행의 기적』, 가나북스, 2016.

정혜신, 『당신이 옳다』, 해냄, 2018.

제임스 클리어, 이한이 역, 『아주 작은 습관의 힘』, 비즈니스북스, 2019.

조벽, 존 가트맨, 최성애, 『내 아이를 위한 감정코칭』, 한국경제신문사, 2011.

조신영, 『성공하는 한국인의 7가지 습관』, 한스미디어, 2012.

조지프 캠벨, 박중서 역, 『신화와 인생』, 갈라파고스, 2009.

존 맥스웰, 김고명 역, 『사람은 무엇으로 성장하는가』, 비즈니스북스, 2012.

짐 트렐리즈, 눈사람 역, 『하루 15분 책 읽어주기의 힘』, 북라인, 2012.

찰스 두히그, 강주헌 역, 『1등의 습관』, 알프레드, 2016.

찰스 두히그, 강주헌 역, 『습관의 힘』, 갤리온, 2012.

찰스 핸디, 이종인 역, 『코끼리와 벼룩』, 모멘텀, 2016.

최광현, 『가족의 두 얼굴』, 부키, 2012.

최명기, 『게으름도 습관이다』, 알키, 2017.

최인철, 『프레임』, 21세기북스, 2016.

최진석, 『생각하는 힘, 노자 인문학』, 위즈덤하우스, 2015.

클라우디아 해먼드, 이아린 역, 『어떻게 시간을 지배할 것인가』, 위즈덤하우스, 2014.

토마스 C. 콜리, 박인섭·이연학 역, 『인생을 바꾸는 부자습관』, 봄봄스토리, 2017.

팀 페리스, 박선령·정지현 역, 『타이탄의 도구들』, 토네이도, 2017.

피터 드러커, 이재규 역, 『클래식 드러커』, 한국경제신문, 2007.

피터 홀린스, 공민희 역, 『어웨이크』, 포레스트북스, 2019.

하정우, 『걷는 사람, 하정우』, 문학동네, 2018.

한동일, 『라틴어 수업』, 흐름출판, 2017.

한창욱, 『나를 변화시키는 좋은 습관』, 새론북스, 2012.